AF245651

RECUEIL

DE PIECES

RELATIVES AU PROCÉS

ENTRE

S. A. le Prince

ADAM CZARTORYSKI,

ACCUSATEUR,

& M. M.

KOMARZEWSKI & RYX,

Accusés du Crime d'Empoisonnement.

Quod igitur est hujus modi crimen ut qui commisit non neget: qui non negavit absolutus fit.

(Cic: orat: pro. Celio. §. 23.)

M. DCC. LXXXV.

INTRODUCTION.

LE Procès d'empoisonnement, dans lequel S. A. M. le Prince Adam Czartoryski, Général des terres de Podolie s'est porté pour Accusateur, de Mr. Komarzewski, Major Général employé auprès de Sa Majesté Polonaise, & de Mr. Ryx, Staroste de Piasieczno, premier Valet-de-Chambre du Roi, est devenu trop célèbre, pour que le Public n'ait pas le droit de réclamer la communication des pièces essentielles appartenantes à ce Procès.

C'est ce Recueil que nous lui présentons aujourd'hui.

Si son opinion n'est pas fixée par la Sentence du Tribunal, il trouvera ici les titres, sur lesquels il peut revoir lui même le Procès & juger les Juges.

A ij

La première de ces piéces, est le plaidoyer qui a rassemblé les moyens de l'Accusateur.

La seconde est la défense de Mr. Ryx.

La troisième celle de Mr. le Général
Komarzewski.

La quatrième est l'extrait de la Sentence du Tribunal.

La cinquième, une lettre du Prince
Primat, au Prince Adam Czartoryski.

La sixième, la réponse du Prince
Adam Czartoryski, à cette lettre.

La septième l'examen de la poudre
présentée au Tribunal, comme faisant
Corps de délit.

Ce Recueil doit intéresser tous les par-
tis, celui de l'Accussateur, en tant qu'il
fait connaître les motifs qu'il a eus de
croire & d'agir; celui des Accusés, en jus-
tifiant la Sentence qui les absout.

Nous ne pouvons au reste nous flatter que chaque résultat que présentera ce Recueil serve tous les intérêts & toutes les vues.

Il aura quatre classes de Lecteurs.

La première est celle des personnes qui ont été revoltées des conséquences de la démarche du Prince Adam Czartory-ski & de son parti, & ne veulent y voir que les indices caractérisés d'une accusa-tion maligne, qui n'a eu d'autre but dans son origine, que de rendre la Cour suspec-te au dedans & au dehors, & de por-ter coup à son crédit.

La seconde sera composée des Amis du parti accusateur, qui ne cesseront de jetter des doutes sur le fond de la chose & sur la procédure qui a justifié les accusés.

Cette classe est, & sera sans cesse grossie par tous les mécontens de la Cour, ils seront toujours prêts à tirer de cette affai-re odieuse, la matière de leurs vengean-ces. Désormais il ne sortira pas un refus de la bouche du Roi, qui ne soit aussitôt payé de quelque sarcasme qui rappellera l'Histoire du jour.

Les quatre-vingt-dix-neuf jaloux que fait un heureux, ne manqueront pas de charger la Dame Ogrumoff d'empoisonner la joye de celui-ci, & celle de son bienfaiteur.

La troisième classe des lecteurs est formée par les Gens indiférens pour le moment, mais prêts à croire à l'empoisonnement du Prince Czartoryski, suivant le tems & les circonstances. Ces gens là sont aujourd'hui tantôt dans un parti, tantôt dans l'autre, mais partout ils s'expliquent d'une manière équivoque; ils ne décident rien; ils n'affirment rien; ils se ménagent le droit d'avoir un avis lorsqu'ils auront intérêt à le prendre. En attendant, les doutes & l'inculpation font mis en réserve, & ils se tiennent prêts à croire aux Crimes de la Cour, sitôt qu'el-

le se sera rendue coupable, de celui de négliger trop longtems leur mérite.

Enfin la dernière classe des Lecteurs,
celle à la quelle nous désirons ardemment
que notre travail puisse réunir les trois
autres, celle à la quelle nous l'offrons &
le dédions, rassemble cette portion du Public, que la sagesse tient éloignée des in-
téréts & de l'injustice des passions: instruite
par ce Recueil, elle pardonnera au Prince Adam Czartoryski, en faveur du grand
intérêt qui a pu le tromper, d'avoir crû
& agi, si non témérairement, du moins
avec un peu de précipitation.

Elle repoussera avec indignation loin
d'elle cette opinion atroce, que des Cou-
sins germains du Roi ayent eu la moindre idée de l'inculper pour la ruine de son
crédit. Si elle croit entrevoir que cet
effet auroit été possible, elle n'en rendra
point responsable l'intention de l'accusateur, mais cette impuissance de l'homme

de saisir à tems toutes les conséquences de
ses démarches. Elle s'intéressera vivement,
surtout au sort de Messieurs Komarzewski
& Ryx, victimes infortunées de la scéléra-
tesse d'une créature infâme & de la confiance qu'elle a surprise. Elle s'appliquera
à leur offrir ces soins tendres & généreux,
ces prévenances, ces marques d'estime,
que le malheur rend si nécessaires & auxquelles il est si sensible par ce qu'elles
le vengent & le consolent.

Elle prendra les droits & l'honneur
de ces Messieurs sous sa garde, & tiendra
pour vil & deshonoré quiconque, abusant
lâchement de leur infortune, voudra en tirer avantage & cherchera à l'agraver par
des propos & des démarches équivoques.

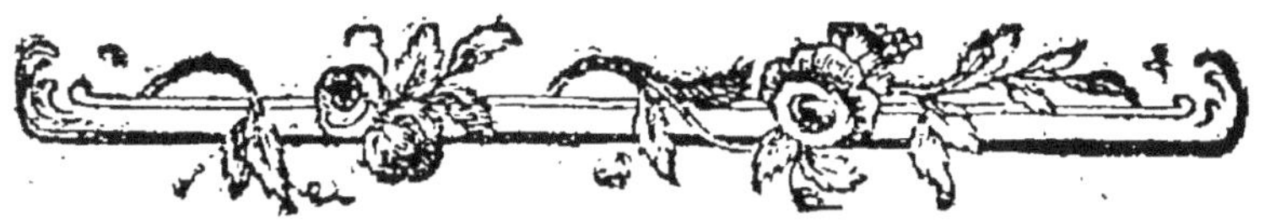

PLAIDOYER

POUR M. LE PRINCE

ADAM CZARTORYSKI.

FAIT.

LE 11. Janvier 1785. le Sr. Taylor se
rendit chez M. le Prince Adam Czartoryski, & lui dit: " Mon Prince vous avez
„ de grands ennemis, qui attentent à votre
„ vie; je tremble moi même de vous en par-
„ ler. Où dinez vous? Chez ma Sœur, ré-
„ pondit le Prince. Eh bien! continua le
„ Sr. Taylor, je vous prie de ne manger
„ ni boire, sans m'en prévenir; car vous avez
„ des ennemis, qui cherchent à vous empoi-
„ sonner. Je suis possesseur de l'instrument
„ qui a été préparé pour votre mort.....
„ Ce que je vous dis à présent, suffit; mais
„ venez chez moi ce soir; je vous ferai con-
„ noître une personne, qui pourra vous en
„ dire davantage. „ (*a*)

____

(*a*) Extrait de l'Interrogatoire juridique du Sr.
Taylor, du 31. Janvier 1785. *folio 200.*

A

Le Prince fe rendit en effet chez le Sr. Taylor, accompagné de S. E. M. le Maréchal Comte Potocki.

Une femme, époufe d'un Officier Ruffe, nommée Ogrumoff, s'y trouva, & dans un long entretien, elle fit à ces Meffieurs, la dépofition fuivante: " Il y a quelques jours que „ MM. Komarzewfki & Ryx fe font ren- „ dus chez moi, & après un entretien fur „ des objets étrangers, le premier de ces „ Meffieurs me dit: — Etes vous prête à en- „ treprendre tout ce qu'on exigera de vous? „ Tout ce qui fera poffible, répondis-je, & „ avec plaifir. Eh bien! me dit alors le „ Général, fi vous êtes capable de faire ava- „ ler au Prince Czartoryfki ce qui eft conte- „ nu dans ce papier (lequel il tira alors „ de fa poche,) votre fortune eft faite: vous „ pourrez venir tout de fuite chez moi à la „ Cour, on aura foin de vous mettre en fu- „ reté... Vous fentez-vous capable d'exécuter „ cette entreprife? M. Ryx prit alors la „ parole, & dit: Parbleu fi elle en eft capa- „ ble! Mais, repris-je, fi le Prince ne veut „ ni manger ni boire avec moi, comment „ faire? Si cela ne réuffiffoit pas ainfi, re- „ pliqua M. Ryx, il faut tâcher de cou- „ cher avec lui, & de le poignarder. Si „ j'étois à votre place, j'en tuerais bien qua- „ tre. — Je fis alors femblant d'entrer dans „ les vues de ces Meffieurs, & je deman-

„ dai du tems pour exécuter cet empoifon-
„ nement; mais intimidée par la confidéra-
„ tion des malheurs qui m'attendoient de la
„ part de ces Meflieurs, qui n'auroient pas
„ manqué de me facrifier, répugnant d'ail-
„ leurs à commettre ce crime, j'ai pris le
„ parti de vous le révéler... „ (*b*)

Le Prince Czartoryfki n'ajouta point foi
d'abord à la délation de cette femme. Dans
le doute, il chargea le Sr. Taylor de lui
offrir deux cents ducats, pour prix de fa ré-
tractation, au cas qu'elle en eut impofé, & en
lui promettant le fecret. Elle refufa l'argent, & protefta de la vérité de fa dépofition. Les motifs de croire fe multipliant,
le Prince prit de nouvelles mefures pour
s'éclairer. Il avoit reçu une première dépofition verbale, il en exigea une feconde par
écrit, afin que de la confrontation des deux,
pût réfulter quelques traits de lumière utile.

M. le Maréchal Potocki fe chargea de
la commiffion; il eut une entrevue avec la
Dame Ogrumoff, & lui demanda un écrit;
elle y confentit fans balancer, & fous les
yeux de M. le Maréchal, elle écrivit la pièce
fuivante.

" Moi fouffignée, déclare volontairement,
„ par pur amour de vérité & de probité, fans

____

(*b*) Extrait de l'interrogatoire de la Dame Ogrumoff, du 19. Janvier *page 44.*

A ij

„ que perſonne m'ait ſuggéré, ni le projet do
„ la dépoſition, ni les circonſtances qui l'ac-
„ compagnent, le fait ſuivant; me chargeant
„ de ſoutenir ma déclaration, pourvû que ma
„ perſonne ſoit aſſurée, en face des perſonnes
„ que je dénonce.

„ _1mo._ Je déclare, que le Sr. Ryx
„ Staroſte m'a engagée pendant la Diète de
„ Grodno, à un voyage dans cette Ville, où
„ ma préſence lui a paru néceſſaire pour le
„ ſervice du Roi, & il m'a promis des ré-
„ compenſes, pourvû que j'entre en intrigue
„ avec une perſonne connue, qui tient correſ-
„ pondance avec le Prince Adam Czartoryſki;
„ ſur le peu de ſuccès de cette commiſſion,
„ le dit Ryx m'a abandonné à Grodno.

„ _2do._ Je déclare, qu'après mon retour
„ de Grodno, le dit Ryx jugea à propos de
„ me venir voir, & après avoir été reçu avec
„ humeur, il chercha à me tranquiliſer par
„ des nouvelles promeſſes, & me pria d'écou-
„ ter le Général Komarzewſki, & me l'a-
„ mena le ſoir à ſix heures, lequel Général
„ débuta par me dire, que je devois le re-
„ garder comme le Roi même, qu'il me de-
„ mandoit un ſervice important, pour lequel
„ j'aurois mille ducats en lettres de change
„ de Mr. Tepper & Compagnie, qu'il me
„ montra, & une penſion de cinq cent ducats,
„ & une terre; & comme après une telle pro-
„ poſition, je demandai en quoi il exigeoit ce

„ service, & que je ne pouvois m'engager,
„ qu'à une chose possible, le Général conti-
„ nua son discours en me disant, qu'il s'agis-
„ sait de séduire le Prince Adam, Général de
„ Podolie, de l'engager à un commerce ga-
„ lant, & de lui abréger ses jours; après quoi
„ il me remit un paquet de poudre, en me
„ disant: faites lui avaler cela. Parbleu! a
„ dit le Sr. Ryx, elle le fera, croyez-moi;
„ elle a du courage, & le Général Koma-
„ rzewski répondit: cela sont ses affaires, si
„ elle ne risque rien, elle n'aura rien. Le
„ Sr. Ryx répondit: si le Prince ne vou-
„ loit ni boire ni manger, donnez lui un coup
„ de poignard, en disant: voilà une belle cho-
„ se que d'avoir peur, si je pouvois y parve-
„ nir comme vous, je ne résisterois pas un
„ instant à lui porter le coup. Allez ma
„ chère, ayez courage; votre fortune sera
„ faite pour toute votre vie; faite votre coup,
„ & après quoi nous vous recevrons à la Cour,
„ & nous vous ferons disparoître.
„ 3tio. Je déclare, que touchée & indi-
„ gnée de la perfidie de ce projet, je ne me
„ suis engagée à rien, ayant frémi moi même
„ d'une proposition aussi criminelle, qui fait
„ horreur à la nature, & prévoyant que sa
„ découverte valoit mieux que son exécution,
„ je pris la chose en dissimulation.
„ 4to. Je déclare, que depuis, jusqu'au-
„ jour d'aujourd'hui, il sont revenus six fois

,, ensemble, me répétant la même proposition,
,, m'encourageant, & me demandant comme
,, cette affaire alloit.

Le 14. Janvier 1785.

Marie Terefa Majorc d'Ogrumoff,

née Baronne de Lautenbourg.

,, Je figne comme témoin
,, la préfente dépofition.

Guill: Taylor. (*)

Entraîné par le caractère d'uniformité,
qui fe trouvoit entre cet écrit, & la dépofition verbale, raffuré par le refus de l'argent,
le Prince Czartoryfki ne dut plus douter de
la réalité du complot, & de la néceffité de
prendre quelques mefures pour le conftater
légalement & prévenir fes fuites, en le défé-
rant au Tribunal de la Juftice. Dans cette
vue, il fit choix de M le Comte Stanislas
Potocki, époux de fa Nièce; de M. Krakowetz, Officier Autrichien, fon aide de Camp,
& du Sr. Taylor, marchand Anglois, confident
de la Dame Ogrumoff.

On avifa aux moyens de rendre ces
Meffieurs témoins d'un entretien entre les
Conjurés.

(*) Cette pièce eft copiée fur l'Original timbré, dé-
pofé dans les Archives de la Jurifdiction.

Il fut arrêté, que la Dame Ogrumoff demanderoit une entrevue chez elle à MM. Komarzewſki & Ryx, motivée ſur la néceſſité de concerter quelques nouvelles meſures.

Ce parti pris, on ſe prépara à l'exécution; la Dame Ogrumoff écrivit à M. Ryx le billet ſuivant:

" Je vous prie de venir chez moi demain
„ de bonne heure: j'ai à vous communiquer
„ une affaire importante qui vous ſera plai-
„ ſir, j'eſpère pouvoir exécuter fidélement
„ tout ce qu'on a exigé de moi, mais aupa-
„ ravant il faut nous voir, pour bien nous
„ concerter. Vous voyez que je n'ai pas per-
„ du de vue cette affaire, comme vous l'avez
„ penſé, pourvû ſeulement, que vous, de vo-
„ tre côté, vous teniez parole. „ (c)

Dans l'attente que le Sr. de Ryx viendroit à l'invitation, MM. Potocki, Krakowetz & Taylor, ſe rendirent chez la Dame Ogrumoff, le 15. au ſoir. M. Ryx ne vint point. Mais on profita du tems, pour examiner de nouveau le local, & preſcrire à la Dame Ogrumoff la forme de l'entretien.

Il avoit été arrêté au premier de ces égards, que le lieu de la ſcène ſeroit un certain cabinet, dont la porte mince & fendue laiſſoit entendre ce qui ſe diſoit dans l'inté-

---

(c) Copié ſur l'Interrogatoire juridique du Sr. de Ryx, du 22. Janvier *page 12.*

rieur; que M. Potocki Taylor &c. se tien-
droient cachés dans une chambre éloignée &
indépendante, jusqu'au moment où l'entretien seroit engagé; qu'alors ils sortiroient
de leur retraite & iroient se placer à la porte,
avec les précautions requises, pour n'être point
découverts. Quant à la forme de l'entretien,
il fut prescrit à la Dame Ogrumoff de parler
haut & distinctement, & d'articuler les faits
sans équivoques & à plusieurs réprises.

Le lendemain 16. Janvier, la Dame
Ogrumoff donna avis, que l'entrevue auroit
lieu le soir du même jour, à trois heures.
Aussitôt MM. Potocki, Krakowetz & Taylor se cherchent & se rassemblent. Le hazard
fait, que M. Krakowetz, non prévenu, a son
uniforme. Dans la crainte que cette cir-
constance ne trahisse ces Messieurs, il est
résolu qu'il les suivra de loin, & on lui donne
pour instruction de se tenir à l'écart à quelque
distance de la maison; mais à portée de voir ce
qui s'y passeroit. & de prêter la main au besoin.

A trois heures précises M. Ryx arriva
seul chez la Dame Ogrumoff, & tout fut
exécuté comme on en étoit convenu. Il fut
introduit dans le cabinet; la porte fermée, MM.
Potocki & Taylor s'en approchèrent avec précaution, & s'y placèrent.

Là ils entendirent le dialogue suivant:

(*Ogrumoff.*) Maintenant je suis certaine, que je puis avoir le Prince Adam Czar-

toryſki, Général de Podolie, dans ma main ; je puis le faire venir ici ; je puis faire avec lui tout ce que vous avez déſiré de moi ; Voulez-vous que je l'empoiſonne, ou que je l'aſſaſſine ?

(*Ryx.*) Bravo, bravo ! bien, bien ! vous l'avez donc déjà embouffé ; mais quels ſont ma chère les moyens dont vous vous êtes ſervi pour l'amener ici ?

(*Ogrumoff.*) Je lui recommanderai mon mari pour le faire entrer dans ſon Régiment.

(*Ryx.*) Bon, cela ne ſauroit être. Le Prince Général n'a plus de Régiment. Il a vendu toutes les charges militaires, qu'il a eûes dans ce Pays.

(*Ogrumoff.*) Ce-ci ne fera que me ſervir de prétexte ; je trouverai enſuite d'autres moyens pour cela. Repoſez vous ſeulement ſur moi.

(*Ryx.*) A propos, que faites vous de ce Taylor ? Vient-il encore chez vous ?

(*Ogrumoff.*) Il eſt ſans conſéquence. C'eſt un bon homme, ami dans le beſoin ; au reſte je puis en faire tout ce que je veux.

(*Ryx.*) C'eſt fort bien ma chère ; je raporterai inceſſament tout ceci au Général Komarzewſki.

(*Ogrumoff.*) Cela ne me ſuffit pas, pas même votre parole ; pourquoi le Général Komarzewſki n'eſt-il pas venu ici aujourd'hui ? Il me faut abſolument une nouvelle aſſurance & garantie de ſa part ; ſans quoi & ſans ſa

préfence dans ma maifon, je ne puis me charger de rien, ni rien exécuter ; il faut qu'il
affure prémièrement & ma. perfonne & fes
promeffes.

(*Ryx*) Ce que vous demandez là eft jufte, d'autant que le Général Komarzewfki a
déjà pris cela fur lui ; il a commencé l'affaire, il l'a finira. Komarzewfki peut tout à la
Cour; il gouverne l'armée, tous les Régimens.
font fous fon autorité, celui là même qui ap-
partenoit au Prince Général. Il fera certainement ici demain avec moi, & tout ceci
s'arrangera, en fa préfence.

Le dialogue ci-deffus eft extrait mot
à mot de l'Interrogatoire juridique de M.
le Comte Stanislas Potocki, du 3. Février
1785. & il y a ajouté les circonftances fui-
vantes

M. Ryx inquiet, regardant tantôt la
porte, tantôt les fenétres, fembla par trois
fois fe difpofer à partir ; mais la Majore fut
toujours adroitement ramener la même converfation, quoiqu'en d'autres termes, mais
dans le même fens, & fans que les réponfes.
de M. Ryx changeaffent.

Tels font les fondemens folides de notre
accufation, contre MM. Komarzewfki &
Ryx. La Cour daignera obferver par quels
procédés lents & mefurés, le plaignant eft
arrivé à la découverte de la vérité.

Nulle précipitation, nulle démarche hâ-
tée ou imprudente, ne peuvent lui être objec-
tées; Une femaine entière a été employée à
étudier & éviter les pièges de l'impofture.
Le Prince Czartoryfki reçoit un avertiffe-
ment circonftancié d'un homme dont la bonne
foi eft éprouvée. Il va à la fource du complot. Il fe fait accompagner & éclairer d'un
Miniftre clairvoyant. En fa préfence & aidé
par lui, la délatrice eft queftionée, exhortée,
interrogée. Dans cet entrevuë le poifon, qui
lui étoit deftiné eft remis entre fes mains,
& y devient le témoin muet du crime. Tout
cela n'opère point encore dans l'efprit prudent
du Prince une conviction fuffifante.

L'état de fortune de la délatrice lui
fait naître des doutes; il craint les fuggeftions
de la mifère, fes rufes, & fes induftries; il
fait offrir deux cents ducats à la Dame Ogrumoff pour l'engager à fe rétracter fi elle a voulu l'abufer; Elle les refufe & perfifte.

Qui n'eut cru après cette épreuve en a-
voir affez fait pour la prudence. Le Prince
Czartoryfki va plus loin que la prudence même; Il veut une dépofition par écrit, efpé-
rant que quelque variation trahira peut-être
le menfonge.

M. le Maréchal Potocki la demande à
la Dame Ogrumoff; Elle l'a fait, & on y lit
les mêmes chofes, qu'elle a dit dans fes entre-
tiens.

Enfin à ces indices multipliés & suffi-
fans, le Prince veut ajoûter des preuves, telles que la loi les demande. Trois témoins
dignes de foi font choifis pour furprendre
le crime dans la bouche de fes auteurs. Quel
eft le réfultat de leurs mefures?.. Ils entendent d'abord de la bouche de la Dame Ogrumoff ces mots adreffés à l'un des confpirateurs:
" Je puis faire du Prince Général, tout ce
„ que vous avez défiré de moi. „

Qu'eft-ce donc, qu'on a défiré d'elle?
Vous le favez Meffieurs; les antécédens vous
l'ont appris.

Enfuite élevant la voix: " Voulez vous
„ dit-elle, que je l'empoifonne, ou que je
„ l'affaffine? „

A cette queftion M. Ryx répond: Bravo,
" bravo, fort bien, fort bien! „

N'eft-ce pas là, l'aveu le plus formel de la
réalité du complot, & de l'intention perma-
nente de fon auteur, de lui donner fon plein &
entier effet?

Y eut-il jamais de machination mieux
conftatée & plus évidente?

Mais, dira-t-on, qu'y avoit-il donc de
commun entre le Prince Adam Czartoryfki, & MM. Komarzewfki & Ryx? Quels
étoient pour ceux-ci les motifs d'une trame
fi cruelle? Les voici Meffieurs.

Toutes les dépofitions & tous les faits
vous ont dépeints MM. Komarzewfki &

Ryx comme fortement prévenus de l'opinion, qu'il se tramoit une conjuration contre la vie du Roi, & que le Prince Adam Czartoryski y étoit acteur & impliqué. Quelque absurde que fut cette opinion, une crédulité sans mesure, un défaut entier de ce tact, qui mesure les dégrés de probabilité, calcule les motifs & juge des hommes & des intérêts, la leur a fait trop aisément adopter. Occupés de cette prévention, l'esprit vivement frappé du danger de Sa Majesté, l'intérêt suprême qu'ils ont à Sa conservation, à laquelle est attaché le rôle qu'ils jouent dans le monde; l'espèce d'enthousiasme qu'inspirent dans le détail de sa vie privée les qualités du meilleur & du plus aimé des maîtres, n'est-il pas très probable que toutes ces circonstances réunies, auront échauffé des têtes naturellement exhaltées, & que dans le délire de tant, & de si puissans intérêts, ces Messieurs auront pu former le projet de prévenir, par le poison, l'auteur & le complice d'un crime imaginaire.

Après vous avoir exposé les faits, tiré de leurs circonstances mêmes, les présomptions les plus légitimes, il nous reste maintenant à examiner, si suffisantes pour fixer votre opinion, Messieurs, comme hommes, elles ont les qualités requises pour fonder votre jugement, comme Magistrats.

Nous vous avons fait entendre quatre témoins dépofans fur le fond même du complot.

1. La Dame Ogrumoff.
2. Le Comte Stanislas Potocki.
3. M. Krakowetz.
4. Le Sieur Taylor.

Qualités morales des témoins.

Permettez nous, de vous faire connoître leurs droits à votre confiance.

La Dame Ogrumoff n'eft point une perfonne étrangère au complot; c'eft avec elle qu'a été fait le pacte de mort; elle eft la dépofitaire du poifon, qu'elle vous préfente; l'agent qui a dû le verfer dans les veines du plaignant. Nulle erreur, nulle illufion n'ont pû la tromper. La plupart des témoignages portent fur des faits une fois apperçus, des propos une fois entendus; rarement les hazards qui éventent les crimes fecrets fe multiplient. Ici la Dame Ogrumoff ne doit rien au hazard, elle eft elle-même la confidente & l'actrice principale du complot; les auteurs l'en ont entretenue à différentes réprifes, enfemble & féparément; les mefures lui ont été dictées pour l'exécution; la récompenfe promife, non en termes généraux, mais d'une manière déterminée, divifée en certains Chefs, Capital, Penfion, Terre, les moyens de pourvoir à fa fûreté après le coup, ont été arrêtés & choifis.

Toutes ces circonſtances forment une maſſe de faits, qui tous appartenans à l'action principale, mettent le témoignage de la Dame Ogrumoff à l'abri de tout ſoupçon, d'erreur & d'illuſion. Elle n'a donc point été trompée, mais auroit-elle voulu tromper?

Comment préſumer l'atrocité d'une telle calomnie? L'excès de noirceur qu'elle ſupoſe doit-il être crû poſſible, ſans des preuves évidentes, comme la lumière du jour? Et où ſont ces preuves?.... La ſubtile médiſance objecte à la Dame Ogrumoff des erreurs & des foibleſſes, dont l'excuſe eſt dans ſon ſèxe, & les complices dans le nôtre. Quelques ruſes, quelques induſtries qui, prouvant les embarras de ſa ſituation & non la corruption de ſon coeur, la rendent bien plus digne de pitié que de blâme. Mais que la diſtance eſt grande d'une femme foible, imprudente & légère, à une ſcélérate conſommée? Diſons mieux, ces deux caractères s'excluent mutuellement.

La femme légére & timide, occupée de ſes plaiſirs, a-t elle jamais mis dans ſa conduite cette profondeur, ces combinaiſons réfléchies, cette application, qui enfante le plan du crime; & en préparent de loin le ſuccès? Non, les ſaillies imprudentes d'une femme de plaiſir, auroient bientôt trahi ſes vues, ſi ſon cœur pouvoit en nourrir d'auſſi atroces.

Les crimes de l'amour ont une sphère dont ils ne sortent jamais: Une calomnie étrangère à ses intérêts est presque impossible. Mais supposons que la Dame Ogrumoff ait été assez dépravée pour former le plan d'une telle calomnie, pourait-elle être assez stupide, assez privée de cette raison, qui calcule dans ses desseins les apparences du succès, pour croire que seule, étrangère & sans appui, elle féroit succomber, MM. Komarzewski & Ryx sous le poids de ses impostures? Toutes les personnes, qui ont connu la Dame Ogrumoff, celles qui l'ont interrogée, vous même MM. vous êtes tous convenu, qu'elle avoit de l'esprit & du sens; comment donc admettre qu'elle a pû se flatter, qu'armée par le mensonge, elle attaqueroit avec avantage... qui ?
..... MM. Komarzewski & Ryx, serviteurs anciens, nécessaires & aimés de Sa Majéfté. L'opinion qu'une telle erreur peut s'allier avec la mesure la plus ordinaire de sens, n'est pas soutenable, un tel écart de raison auroit dû s'annoncer de loin: il ne peut être réfervé par le hazard pour un cas unique, où ses conféquences ont de si grandes suites.

On nous objectera peut-être, que la misère, source de tant d'industries criminelles, a pû inspirer le Roman d'un complot chimérique, dont la découverte auroit eû un prix dans la générosité de celui, qui se croiroit sauvé par la délatrice.

Mais

Mais, Messieurs, auriez vous oublié, ce fait prouvé dans la procédure, que le Prince Adam Czartoryski, à qui cette objection n'est point échappée, a fait offrir par le Sr. Taylor, à la Dame Ogrumoff la somme de deux cents Ducats & le secret, à condition qu'elle retracteroit son imposture, si tant est que sa délation en fut une. Envain voudra-t-on rendre suspecte la misère de cette femme; plus on la supposera profonde, & plus la somme de deux cents Ducats paroîtra relativement importante & suffisante, pour décider le désaveu d'une déposition que le mensonge auroit dicté, & plus par conséquent le refus de cette somme donnera de poids à cette même déposition.

Son désintéressement constaté, quel motif a pû porter la Dame Ogrumoff à révéler le complot? Le motif le plus naturel & le plus probable, l'horreur que lui a inspiré un crime atroce, commandé sans art & sans ménagement. Si par la nature du cœur humain, ce motif est suffisant, & a dû déterminer la démarche de cette femme, pourquoi se perdre en vaine subtilité, pour en amener de fort loin d'autres, moins simples & moins probables.

Nous espérons avoir suffisament établi, que le témoignage de la Dame Ogrumoff a toutes les qualités requises par la raison, pour concourir à la preuve du complot.

B

Paſſons maintenant au ſecond de nos té-moins, Mr. le Comte Stanislas Potocki.

Rien ne peut affoiblir l'autorité victorieu-ſe de ſon témoignage. La Nobleſſe de ſes moeurs, cette néceſſité de l'honneur que ſa Naiſſance lui impoſe, cette première fleur de la réputation & de l'eſtime qu'il a cueillie dès ſon entrée dans la carrière, qu'on eſt ſi ja-loux de conſerver, & dont la perte laiſſe après elle de ſi longs regrets. Toutes ces circon-ſtances vraies & réunies, mettent ſa probité au deſſus du doute. On craint preſque de l'a-voir outragée en l'afirmant. Mais la probité ne défend pas toujours de l'erreur. Elle en défend, Meſſieurs, quand elle eſt unie à un eſprit cultivé & exercé aux diſcuſſions & aux affaires. M. le Comte Stanislas Poto-cki touche dèja à ce période de la vie, où le feu de la jeuneſſe s'allie à l'expérience; où toutes les facultés entrent dans leur matu-rité; où la connoiſſance des hommes & de leurs paſſions inſpire une ſage défiance & avertit que le crime eſt poſſible.

Tel eſt, & tel vous eſt connu l'homme à qui l'erreur auroit oſé tendre ſes pièges. Penſez vous, Meſſieurs, qu'il y fut tombé? Non, l'art du crime a ſa meſure: Il eſt permis de tenir pour impoſſible, qu'il puiſſe atteindre à la perfection requiſe pour ſéduire un témoin, tel que celui-ci.

Notre troifiéme témoin eft le Sr. Taylor marchand. Il feroit peut-être imprudent de vous alléguer pour motif de la confiance, que cet homme doit vous infpirer, Meffieurs, l'eftime due à fa nation. Vous pourriez penfer que nous n'appellons fon éloge de fi loin, qu'au défaut de fujets plus près de lui. Cependant quoique nous ne prétendions point en tirer avantage, qu'il nous foit permis d'obferver, que les crimes d'un certain genre, le menfonge & la perfidie, appartiennent plutôt à un climat qu' à un autre, & naiffent prefque toujours des vices du gouvernemeut. La franchife femble au contraire former le noble caractére de certaines contrées & de certains peuples. Là, où le climat laiffe à la morale fon empire, où le caractère national n'eft point avili, où la liberté permet à l'homme de prendre confiance en foi, où il peut penfer fans fe rendre fufpect, parler fans bleffer fes tirans, où il a un honneur qui lui appartient en propre, qu'il doit à fes vertus, & non au caprice de fes maîtres, là fe trouveront la franchife & la vérité. Né fous le climat le plus tempéré, élevé dans le fein de la nation & du gouvernement qu'on vient de décrire, le Sr. Taylor a dû vous infpirer la prévention la plus favorable. Ne regrettez point, Meffieurs, de la lui avoir accordée ; déjà il a paru à votre Audience, vous avez pû aifément démêler en lui des caractères d'ingénuité qui ne trompent point. Le choix de

B ij

ſes expreſſions, le tour ſimple & naïf de ſes diſcours, ce je ne ſais quoi de négligé, qui caractèriſe, la vérité, n'ont pas dû vous échaper. On ne peut rien lui objecter, qui le charge d'avoir prêté ſon miniſtère à l'impoſture ; Ce qu'il affirme comme vrai, eſt tel dans ſa penſée & dans ſon coeur ; l'intérêt ſeul de la ſociété lui a dicté ſa dépoſition & ſon témoignage.

Notre quatriéme Témoin eſt le Major Krakowetz, Aide de Camp du Prince Adam Czartoryſki. L'eſtime & l'affection du Prince font ſon éloge & fixent la confiance en ſa faveur. Il a été inſtruit ſucceſſivement de tous les faits relatifs au complot & à ſa découverte. Il a eu quelque part aux démarches qui l'ont mis en évidence. Sa dépoſition mérite donc à tous ces égards, la plus grande attention de la Cour. Tels ſont nos témoins, dans leur raport, avec l'opinion publique. Que ſont-ils aux yeux de la loi ? C'eſt ce qui nous reſte à examiner.

Qualités légales des témoins.

Nous ſommes obligés de convenir ici, Meſſieurs, de l'imperfection de notre procédure criminelle. La plûpart des principes, ſur leſquels nous en réglons la marche, ſont abuſivement puiſés dans notre juriſprudence civile, ou extraits des ouvrages des crimina-

liftes célébres, & de nos loix fur le crime
de lèfe-Majefté.

C'eft même une chofe digne de remarque
que cette infuffifance relative aux crimes particuliers, tandis qu'elles fe font occupées avec
détail des crimes de lèfe-Majéfté. Cette circonftance nous autorife à penfer, que nos lé-
gislateurs ont confidéré tous les attentats
contre la vie des gentilshommes Polonois,
comme des crimes publics, fur lesquels ils
penfoient avoir prononcés, en parlant des crimes de lèfe-Majéfté. En effet, Meffieurs,
cette opinion eft affez juftifiée, fi on fait attention, que dans la forme de notre gouvernement chaque gentilhomme eft une fraction
de l'unité politique. En fa perfonne réfide
une portion des droits & de la Majefté de la
nation; fa vie fait partie de celle de l'état;
elle eft à celui-ci ce que font à l'arbre les filets de fa racine; ils transmettent à fa couronne les fucs & la vie. Offenfes ces filets,
vous la verrez bientôt languir & fe deffé-
cher.

Telle eft la Nobleffe Polonoife; tout
attentat, dont la fin eft fa deftruction, eft un
attentat de lèfe-Majefté; les formes & les
principes que notre législation réferve à cette
efpèce, apartiennent donc à l'attentat dont
il eft ici queftion. Si l'aplication de ces principes eft de droit en faveur d'un fimple gentilhomme Polonois, combien ne le fera-t-elle

pas davantage, lorsqu'ils doivent protéger la vie d'un Grand, tel que le Prince Adam Czartoryſki? L'atrocité du crime ſemble croître en même rapport, que la perſonne qu'il concerne, porte un nom plus illuſtre, & que la conſidération publique ſemble rapprocher davantage de cette place, qui concentre tous les rayons de la Majeſté publique.

La loi Romaine s'exprime en ces mots là deſſus: " *Quisquis... ſceleſtam inierit factionem aut factionis ipſius ſuſcepit ſacramentum vel dederit de nece illuſtrium virorum qui conſilis & conſiſtorio noſtro interſunt, (Nam & ipſi pars corporis noſtri ſunt) vel cujus libet poſtremo qui nobis militat cogitaverint eádem enim ſeveritate voluntatem ſceleris quâ effectum puniri Jura voluerunt, ipſe quidem ut pote majeſtatis reus, gladio feriatur, bonis ējus omnibus fisco noſtro addictis, filii vero ejus (quibus vitam imperatoriâ ſpecialiter lênitatē concedimus) ... a maternâ vel a vitâ omnium etiam proximorum hereditate & ſucceſſióne habeantur alieni &c.&c.*

Cod: Lib: 8. §. 5to.

On remarquera dans cette Loi:

1. Que la loi de Majeſté regarde les hommes illuſtres, attendu qu'ils font partie du corps du ſouverain.

2. Que la penſée & la volonté du crime de lèſe-Majeſté ſont tenues pour le fait même, & punies de la même peine.

3. La mort du coupable n'est pas une réparation suffisante, puisque la vie de ses enfans ne leur est laissée que par grace; mais ils ne peuvent hériter, ils demeurent sans cesse chargés de l'infamie de leur père, ils doivent être à jamais pauvres, privés d'honneurs & réduits à un tel état, que la vie leur tienne lieu de suplice, & la mort de soulagement.

Telle étoit dans l'Empire la loi de Majesté, ses circonstances & sa rigueur. Joignons-y encore le dispositif de nos loix & l'opinion des criminalistes les plus célébres.

La Loi de 1368. d'accord avec eux, déclare les femmes, les enfans, les parens dans tous les dégrés, les gens diffamés, & sans honneur, les excommuniés, habiles à témoigner dans l'espèce de lèse-Majesté. Tout y est preuve suffisante, il n'y a lieu à aucun motif de récusation & de reproche; les ennemis même sont appellés & entendus. Les adminicules, présomption, indices, y tiennent lieu de preuves, & y sont reçus comme tels.

Ces principes posés & affermis, jugeons par eux de la légalité des témoins, que nous vous présentons, Messieurs.

Objectera-t-on à la Dame Ogrumoff son sexe, les erreurs que la malignité met à sa charge?

Mais les crimes sur lesquels elle témoigne, sont de l'espèce, qui admettent des femis

mes, les enfans, les infâmes, & les excommuniés au témoignage.

Objectera-t-on à Mr. le Comte Stanislas
Potocki les liens qui l'uniffent à l'accufateur ?

Mais le crime, qui eft l'objet de l'accufation, admet le témoignage des pères, des
mères, des enfans, & à plus forte raifon ceux
des autres parens & alliés. Il y a plus ; Nos
Loix fi imparfaites dans tous les autres points
de la procédure criminelle, ont rompu le filence fur celui-ci, & fe font clairement ex-
pliquées.

Lifez la Conftitution de 1576, vous y
trouverez : " que dans certains cas, les pa-
„ rens de fang ou d'alliance, ne doivent pas
„ témoigner ; *Mais lorfqu'il eft queftion de l'hon-
„ nêteté, les perfonnes qui portent les mêmes ar-
„ mes, les parens de fang & d'alliance, peuvent
„ témoigner. „ (page 934.)

N'eft-ce pas ici le cas de la Loi, & quelle
queftion peut appartenir par des raports plus
intimes à l'honnêteté, que celle-ci ? L'objection de la parenté eft donc également détruite,
en faveur de Mr. le Comte Stanislas Potocki,
par la Loi de Majefté, & par la Conftitution
de 1588.

Que dira-t-on enfin contre Mr. Krakowetz & le Sieur Taylor, à quoi tout ce qui
précéde n'ait pas déjà victorieufement répondu ?

Suppofons maintenant que par l'excès
d'une condefcendance gratuite, nous permet-

tions qu'on retire le crime dont il s'agit ici, de la claſſe des crimes de lèſe - Majeſté, il tomberoit néceſſairement dans celle des crimes atroces.

Qu'elle eſt l'opinion des criminaliſtes les plus célébres, ſur la preuve légale des crimes de cette eſpéce ?

" In atrociſſimis leviores conjecturæ ſufficiunt &
„ licet Judici Jura tranſgredi. „

Dans les crimes très atroces, les plus légéres conjectures ſuffiſent; & il eſt permis aux Juges de s'écarter des formes.

Voilà Meſſieurs le champ qui eſt ouvert à votre ſageſſe & à votre prudence. Vous devez conſulter bien plus la conſcience du Juge, que les ſcrupules du Droit & des formes.

Admettons, ce qui n'eſt pas poſſible, qu'on récuſe nos témoins, ſous des prétextes que vous n'avouerez jamais, il reſtera toujours pour fait certain & inconteſtable, que leur dépoſition forme dans leur enſemble un corps d'indice & de préſomption du genre non léger, & que ſi vous donnez à l'opinion des Juriſconſultes l'attention que vous lui devez, ces préſomptions, apartenantes à une eſpèce atrociſſime, elles auront la force d'une preuve légale & ſuffiſante.

Le réſultat de tout ce qui vient d'être allegué, eſt donc:

Que Messieurs Komarzewski & Ryx sont duement atteints & convaincus d'un complot d'empoisonnement qui avoit pour objet le Prince Adam Czartoryski.

C'est à vous Messieurs à prononcer la réparation due à un si grand crime; mais de peur que votre humanité ne vous surprenne, qu'il nous soit permis, d'arrêter un moment votre attention sur la nature du délit, que vous avez à venger.

De tous les crimes, qui attaquent la société, il n'en est point qui excite une indignation plus profonde contre ses auteurs, que l'empoisonnement. Que de vices portés au dernier terme de la malignité s'associent pour le conseiller & le mener à ses fins. La soif frénétique des richesses, & de la puissance; la haine dévorante & envenimée; le besoin cruel de la vengeance & de la destruction, font les motifs ordinaires de ce crime affreux. La foiblesse, la lâcheté, la trahison, caractérisent ses moyens.

On rencontre quelquefois dans les crimes, des circonstances, qui sollicitent l'indulgence & qui semblent presque les ennoblir. Les dangers que le meurtrier affronte, ses périls, les droits que tout ce qui tient au courage & à la force, a sur l'admiration des hommes, tout cela plaide pour lui, & compose en sa faveur un sentiment douteux, où l'indignation est tempérée, par une sorte d'esti-

me. Dans les crimes qui concernent la pro-
priété, & les droits qui réfultent des inftitu-
tions civiles, des motifs fecrets d'une juftice
antérieure à la juftice de convention, trouble
quelquefois la confcience d'un Juge attentif.
La puiffance irritante des objets extérieurs
fur nos appétits, l'impétuofité d'un premier
mouvement, l'ivreffe des fens, toutes ces circonftances appellent dans fon cœur, la pitié
& le fcrupule. L'empoifonneur feul, eft le
jufte objet d'une horreur que rien n'affoiblit.
Lâche & timide, il attaque & triomphe fans
danger; des foins hypocrites & trompeurs en-
dorment fa victime; de longs & perfides artifices furprennent fa confiance; il l'embraffe &
la confole expirante; il verfe de feintes larmes fur fon tombeau. L'ivreffe des fens,
l'impétuofité d'un premier mouvement ne lui
donnent point d'excufe. Ses mefures font appellées de loin, & fe fuccèdent avec lenteur
& réflection; des femaines, des mois, des années, donnent à fon projet fa maturité, à fes
moyens leur perfection. Dans cet intervalle
tous les motifs réprimans font fans force;
le remords fe tait, une rage froide & prudente l'abforbe tout entier.

Tel eft, Meffieurs, dans fa nature, le
crime atroce, que les Loix livrent à votre
vengeance. Graces à Dieu, il eft rare, &
l'hiftoire de notre Pays en fournit peu d'exemples. Il fembloit jufqu'ici appartenir de préfé-

rence à la corruption des Monarchies, ou à ces epoques de Républiques, croulant fous la ruine des mœurs publiques: préfage funefte de fa chûte, les empoifonnemens marquérent l'époque de la deftruction de Rome Républicaine.

Effrayé par ce terrible exemple, hâtez vous, Meffieurs, d'arrêter le mal dans fon origine, & de laver dans le fang la tache imprimée à la Nation. Agiffez aujourd'hui moins comme des Juges, à qui la Loi a confié la fûreté des Citoyens, que comme un Sénat refpectable, à qui elle a remis le foin de détourner de la République les dangers qui la menacent.

NB. On doit prevenir le Public que ce Plaidoyer, ainfi que les deux fuivans n'ont point été prononcés à l'audience tels qu'on les trouve ici; mais ce qu'on peut affirmer, c'eft que rien d'effentiel, qui auroit pu, ou du être allegué, n'y eft omis.

PLAIDOYER

Pour Mr. RYX, Staroste de Piaseczno,

accusé.

Argumentis agemus : signis omni luce clarioribus
crimina refellemus : res cum re, causa cum
causâ, ratio cum ratione pugnabit. (Cic: Orat:
pro M. Cœlio §. 22.

Mr. de Scudery auteur François, voyageant
avec sa sœur, s'entretenoient un soir dans
une auberge où ils étoient logés, de la com-
position du Roman de Cirus: " Que ferons
„ nous du Prince Mazare, dit à son frère,
„ Mlle. de Scudery ; je serois d'avis que nous
„ le fissions mourir par le poison, plutôt que
„ d'un coup de poignard? Il n'est pas encore
„ tems, répondit Mr. de Scudery ; nous en
„ avons encore besoin ; quand il en sera tems,
„ nous l'aurons bientôt dépêché. „
   Deux marchands qui étoient dans la
chambre voisine, ayant prêté l'oreille à travers
de la porte, s'imaginèrent qu'on projettoit la
perte d'un Prince effectif; ils allèrent avertir

l'hôte & l'hôtesse qui donnèrent l'alarme à la maréchaussée ; Mr. & Mlle. Scudery furent arrêtés, conduits à la Conciergerie, interrogés avec beaucoup de formes. Lorsqu'ils eurent été entendus, on leur donna la liberté & on leur conserva le droit de vie & de mort sur tous les héros de leur Roman (*Bibl: des Rom: Août 1775.*)

Nous n'avons pas cru pouvoir donner dès l'exorde une idée plus exacte de la malheureuse affaire qui occupe cet auguste Tribunal, qu'en mettant sous ses yeux le trait historique ci-dessus ; ils ont entr'eux des caractères de ressemblance & des rapports frappans. Un discours innocent, fait pour Mr. Scudery & Mr. Ryx, la matière d'une accusation criminelle ; Ils sont chargés d'une imputation atroce ; traduits en justice comme méditant un assassinat & un empoisonnement. Les témoins qui déposent contr'eux, les écoutent furtivement de derrière une porte ; ils sont arrêtés, interrogés, jugés. Jusqu'ici les rapports sont exacts. Mr. de Scudery est reconnu innocent ; ce dernier trait de ressemblance manque encore, mais tout annonce que votre justice le prépare & ne tardera pas à l'ajouter à tous les autres.

C'est ainsi que rien n'est nouveau sous le Soleil ; les hommes du jour s'agitent & se travaillent dans le même cercle d'erreurs & d'imprudence, où ceux de la veille se sont

agités & travaillés. Heureux les Citoyens
dont l'honneur & la vie font confiés à des Juges, auxquels le passé n'est pas inconnu, & qui,
y puifant d'utiles leçons, ne font point payer
à l'innocence les fruits tardifs de leur expérience & de leur fageffe.

FAIT.

EN 1782, la Dame Ogrumoff s'introduifit
fous divers prétextes chez Mr. le Comte Mofzyński ci-devant Stolnik de la Couronne; elle
feignit d'être dépofitaire de fecrets importans
qui intéreffoient la Cour, mais qu'elle ne
vouloit revéler qu'au Roi même. Le Comte
Mofzyński fe refufa long-tems à fes empreffe-
mens; enfin elle lui dit qu'elle avoit une
lettre à rendre au Roi. Il paroit que le Comte
Mofzyński ajouta foi à ce qu'elle lui difoit,
puifqu'il fit avertir cette femme un jour que
le Roi devoit venir chez lui, pour des objets
relatifs au Département qui lui étoit confié;
le Comte dit au Roi de quoi il s'agiffoit &
fit approcher cette femme. Elle avoua d'a-
bord qu'elle n'avoit aucune lettre à rendre;
mais que, s'étant fervie de ce prétexte pour
être admife à la préfence du Roi, elle profi-
toit de l'occafion pour fe mettre à fes pieds
& l'avertir qu'il avoit des ennemis qui conju-
roient contre fa vie. Le Roi jugea mal de

ce début, &, perfuadé que c'étoit une manière de demander un fecours, il le lui fit
entendre & lui offrit quelque argent qu'elle
refufa, en difant, qu'elle ne manquoit de rien.
Occupée d'autre chofe, Sa Majefté lui ordonna de s'expliquer au Comte Mofzynfki, auquel
en effet elle fit part de ces découvertes. — Il
y avoit, dit-elle, une conjuration formée contre la vie du Roi; les perfonnages qui y figu-
roient, étoient Mr. le Grand Général Branicki,
Mr. le Prince Général de Podólie, Mr. Tyfen-
haus, petit Tréforier de Lithuanie & le
Comte Poninfki. C'étoit, difoit-elle, les liaifons d'amitié intime qu'elle foutenoit avec les
deux derniers qui lui avoient donné ces notions intéreffantes. Le Comte Mofzynfki fit
fon rapport à Sa Majefté. qui n'y donna nulle
attention. La Ogrumoff revenoit fans ceffe
à la charge, & voyant qu'elle avoit été dupe
du défintéreffement qu'elle avoit marqué dans
le commencement, puifqu'il ne donna pas un
grand poids à fa délation; elle fit entrevoir
au Comte Mofzynfki qu'elle étoit dans le befoin & difpofée à recevoir quelque bienfait
en retour du fervice qu'elle avoit voulu rendre;
le Comte follicita pour elle, & le Roi lui fit
donner un préfent de quelque valeur. Bientôt
le préfent fut en gage & tant que l'argent
dura, le zèle de la Dame Ogrumoff fut amorti; il
fe réveilla avec le befoin; elle revint au Comte
Mofzynfki, & s'engagéa de fournir des preuves

vés nouvelles de ce qu'elle avançoit, pourvu qu'on voulut lui donner une somme pour faire le voyage chez Mde. Brzostowska son amie, ou chez le Prince Général, qui étoit pourlors à sa terre de Pulaw.

Le Comte Moszynski eut ordre de lui dire que sa Majesté ne vouloit point faire les fraix de ce voyage & qu'elle n'avoit qu'à se tranquillifer. Tout ceci se passoit en 1782. Rebutée par l'inutilité de cette tentative, d'ailleurs pourvue par les dupes qu'elle tenoit dans ses filets, elle laissa les grandes affaires pour se livrer aux soins du métier. Une année & demie se passa sans qu'elle eut besoin d'autre industrie, mais son imprudent bienfaiteur ruiné, trompé & désabusé, s'étant brusquement retiré dans l'été de 1784, il fallut songer à lui donner un successeur ; il ne s'en présenta point. Des dettes nouvelles furent ajoutées aux anciennes ; le crédit étoit épuisé ; les créanciers menaçoient ; l'affaire pressoit, elle se rappella l'histoire de la conjuration & tout le reste lui manquant, elle revint à cette ancienne ressource. Il s'agissoit de choisir quelqu'un pour qui la délation fût nouvelle & qui, à ce titre, y donnat quelque attention. Elle chercha à entrer en liaison avec M. Ryx premier valet de chambre du Roi : Elle voulut d'abord s'insinuer auprès de lui, à l'aide du talent qu'elle avoit cultivé, M. Ryx le rebuta. Enfin elle l'attaque par son attachement

C

à fon Maître & s'en fait écouter. Elle lui parle de la conjuration & des conjurés, de leurs méfures & de leurs vues ; de fes relations avec eux, de fes moyens de pénétrer leurs fecrets &c. &c. M. Ryx fit fon rapport à Sa Majefté, qui fans entrer en détail avec lui, fe contenta de lui marquer fon mépris pour tous ces contes ridicules. M. Ryx crut le Roi trop confiant & s'allarma fur la fécurité où il le voyoit. Il ne put fe refoudre à rompre tout à fait avec cette femme, & dans l'idée qu'elle donneroit peut être avec le tems des indications utiles, il la reçut deux ou trois fois pendant le courant de l'ete. Dans chaque entrevue elle augmentoit fes allarmes; enfin elle vint le voir à Lazienki quelques femaines avant le départ de la Cour pour Grodno; elle lui perfuada qu'il étoit effentiel qu'elle s'y trouvat, puifque tous les conjurés y étant réunis, elle veilleroit fur eux, les obferveroit & les pénétreroit. M. Ryx lui promit de lui faire avoir un logement à Grodno, fi elle y venoit, mais ne voulut s'obliger à rien de plus.

Elle fit tant, qu'elle emprunta la fomme qui lui étoit néceffaire pour le voyage. Sans doute elle avoit differentes vues pour l'entreprendre ; quiconque vit aux dépens des dupes, cherche toujours les lieux & les momens du plus grand concours; Grodno & la Diete promettoient quelqu'heureufe avanture & au défaut de toute autre, elle en avoit une entamée, qu'il falloit mener à sa fin. — Elle partit. — M. Ryx avoit oublié le logement promis; Elle l'obtint après bien des mésaventures & s'y établit. Cependant nulle bonne fortune ne se présentoit; le besoin la talonnoit; Elle tourmentoit M. Ryx de visites importunes; il étoit malade. Chaque jour elle le fatiguoit de nouveaux avis & de nouvelles demandes; Il prit enfin le parti de l'adresser à son Beau-frère le St. Susson, Inspecteur du Garde Meuble du Roi. Celui-ci ne fut pas plutôt mis dans la confidence, qu'elle lui demanda de l'argent & se plaignit de ce qu'on payoit si mal ses soins au moment où ils alloient devenir utiles, „ puisque, dit-elle, „ elle s'étoit introduite chez M. Tyzenhauz, „ & que chaque jour, elle faisoit des progrès „ dans sa familiarité, ayant même déjà enten- „ du des propos très signifians. „ Par l'entremise de M. Susson, M. Ryx lui fit donner quelques ducats. Quelque tems après elle revint à la charge, & assura qu'elle avoit découvert qu'il y avoit une correspondance entre le Prince Czartoryski & M. Tyzenhauz, & qu'elle étoit parvenue à savoir où en étoit le dépôt; mais pour le saisir, il falloit épier l'occasion & avoir de quoi payer des voitures pour aller avec assiduité chez M. Tyzenhauz &c. &c. Par ces artifices elle obtint en diverses reprises dix ou douze ducats.

Les rapports alloient leur train ; chacun d'eux ajoutait quelques circonstances nouvelles aux anciennes ; Elle les multiplia au point que MM. Ryx & Suffon jugérent à propos de confier le tout à quelqu'un qui par sa place fut à même de prendre des mesures telles que le besoin les exigeroit. Leur choix tomba sur M. Komarzewski Général Major employé auprès de la personne du Roi. M. Komarzewski voulut voir cette femme & l'interroger ; l'entrevue eut lieu chez M. Ryx. Elle lui répéta tout ce qu'elle avoit dit à ces Messieurs. C'étoit des assertions sans preuves ; il le lui fit remarquer & lui déclara qu'elle ne devoit compter sur les récompenses qu'elle réclamoit, qu'autant qu'elle produiroit la correspondance même dont elle affirmoit la réalité. Elle s'y engagea.

A quelques jours de là, elle fit avertir M. Suffon de se rendre chez elle, & elle lui confia qu'elle s'étoit trouvée la veille chez M. Tyzenhauz ; & que, tandis qu'il sommeilloit, elle avoit ouvert sa cassette & n'avoit eu que le tems d'en tirer un paquet qui étoit un poison qu'elle savoit être destiné pour le Roi & en même tems elle le lui remit. M. Suffon ouvrit le paquet, vit une poudre grisâtre, & la rendant à la Dame Ogrumoff, il lui dit : ,, Je ne me connois pas en poison ; ,, peut-être cette poudre en est-elle ; mais qui ,, m'assurera que vous l'avez prise chez M.

„ Tyzenhauz & que M. Tyzenhauz veut s'en
„ servir pour empoifonner le Roi? C'eft ce
„ que vous devez prouver. „ Elle affirma &
protefta, & M. Suffon fit fon rapport.

Telles vagues que fuffent ces notions,
M. Komarzewfki crut devoir prendre quelques mefures. Il fit avertir les Chefs de la
Cuifine & de l'Office & leur recommanda une
vigilance exacte & des précautions févères.
Vous avez, Meffieurs, interrogé chacun de ces
Officiers, & ils ont affirmé fous ferment la vérité du fait. Cependant la Dame Ogrumoff
n'arrivoit point à fon but; Ses rapports & fes
prétendus fervices ne la menoient point à l'ai-
fance: Ces preuves qu'on lui demandoit, cette correfpondance à laquelle feule, on vouloit
croire & qu'on vouloit payer, étoient difficiles à produire: Elle prit un autre biais, &
donna avis que les conjurés avoient renoncé
au projet d'empoifonner le Roi, mais qu'ils
étoient réfolus de s'en défaire d'une manière
violente, & que Sa Majefté feroit dans peu
affaffinée, foit à la comédie, foit dans fon château & peut être fur fon Trône. Elle défi-
gna par fon nom celui qui devoit faire le coup
& quelques-uns de fes complices. Le Général Komarzewfki donna fes ordres pour la fûreté du Roi & fit obferver les perfonnes dé-
fignées. Comme les recherches les plus foi-
gneufes ne mirent rien à leur charge, les mefures du Général fe bornèrent à de fimples pré-

cautions. La Dame Ogrumoff ne cessoit point
de demander le prix de ses services. M. Komarzewski persistoit à exiger des preuves &
à ne donner aucun à compte. Comme rien ne
confirmoit sa délation & qu'elle n'avoit toujours que les mêmes choses indéterminées à
dire, ces Messieurs ne tardèrent pas à la négliger, & quelque tems avant le départ de
Grodno, ils l'abandonnèrent tout-à-fait.

Ce fut pendant le séjour de Grodno, qu'elle entra en liaison intime & en communauté
d'affaires & d'intérêts avec le Sr. Taylor, marchand anglois. Elle lui confia sa situation,
ses projets & l'abandon de la Cour. Il n'est pas
certain si dès-lors elle lui fit une confidence
entière, en l'associant à son industrie, ou si elle
en fit une de ses dupes. Quoiqu'il en soit, il
épousa ses intérêts & sa haine contre M. Ryx
& la Cour, & lui fournit l'argent dont elle a-
voit besoin pour payer sa dépense & son retour. Quelques semaines s'étant écoulées dé-
puis son arrivée à Varsovie, toute ressource
manquant & Taylor voulant voir fructifier les
100 ducats qu'il avoit mis dans le commerce,
la Dame Ogrumoff tenta une nouvelle avanture; elle demanda à Taylor une lettre du Prince Général Czartoryski. Comme ce négociant
avoit eu des relations avec le Prince, il lui
fut aisé d'en trouver une parmi ses papiers,
bien instruit de l'usage qu'elle en vouloit faire, il la lui remit: elle étoit écrite en An-

glois & il effaça quelques lignes qui auroient
pu nuire au projet. Si-tôt que cette lettre
fut entre ses mains, la Dame Ogrumoff sit
avertir MM. Komarzewski & Ryx qu'il étoit absolument néceffaire qu'elle eut avec eux une entrevue, parce qu'elle avoit des chofes de la
dernière importance à leur communiquer. Ces
Meffieurs se rendirent chez elle. Elle se plaignit de l'abandon où ils l'avoient laiffée & fit
valoir son zèle qui, quoique fi mal payé, ne
laiffoit pas d'agir avec conftance ; & en preuve de cela, elle leur déclara qu'elle étoit parvenue à se rendre maîtreffe d'une lettre du
Prince Czartoryfki à M. Tyzenhauz, qui devoit jeter un grand jour fur leurs projets.
Et en même tems, elle leur préfenta, mais
de loin, la lettre du Prince Czartoryfki, en
leur demandant s'il reconuoiffoient son écriture & fa fignature. M. Komarzewfki recon-
nut que l'une & l'autre étoient du Prince.
" Eh bien, dit la Dame Ogrumoff, j'ai tenu
„ ma parole, je vous ai montré du noir fur
„ du blanc ; tenez-moi la vôtre & donnez-moi
„ ma récompenfe. „ M. Komarzewfki répondit. „ Je vois bien là une lettre ; mais je veux
„ favoir ce qu'elle contient & à qui elle eft
„ adreffée. „ La Dame Ogrumoff auroit bien
voulu être payée fans tant d'examen ; mais il
fallut en paffer par là ; — Elle protefta que
cette lettre avoit été adreffée à M. Tyzenhauz,
& d'un air confiant & fûre de fon fait, elle la

remit au Général. " Mais, dit le Général, " elle est en Anglois, & je ne sais pas cette " langue. " C'étoit sur quoi la Dame comptoit. " Je la sais, moi, repliqua-t-elle, & je " vais vous la traduire. " On devine bien que la traduction ne fut pas trop fidèle. Le Général s'en défia & demanda à la copier. Elle y consentit d'autant plus volontiers, que Taylor avoit choisi dans son porte-feuille une lettre dont le sens équivoque etoit susceptible de quelques rapports forcés avec l'opinion qu'il falloit autoriser & qu'il avoit effacé ce qui trahissoit son vrai objet. La lettre, copiée, les instances redoublerent pour être payée du service. Tout fut inutile. Le Général répondit que l'adresse manquoit à la lettre & qu'il n'en connoissoit le contenu que par sa traduction; que ces deux circonstances rendoient suspecte l'autorité de ce document, & que, tant qu'elle n'en produiroit pas qui fussent à l'abri de tout reproche, elle ne recevroit aucune récompense.

Tel fut le succès de cette nouvelle tentative; il déconcerta entièrement les projets de la Dame Ogrumoff, & persuadée qu'il falloit renoncer à faire des dupes utiles de ces Messieurs, elle donna un autre objet à ses mesures.

Les délations d'assassinat & d'empoisonnement étant un genre avec lequel elle étoit familiarisée, elle s'y tint; & dans la nouvel-

le pièce qu'elle étoit prête à mettre au Théâ-
tre, elle se borna à changer les rôles. D'empoisonneur qu'étoit le Prince Czartoryski dans
la première, elle le fit l'empoisonné dans la
seconde, & blessée de ce que MM. Ryx &
Komarzewski avoient échappés à ses pièges,
elle leur destina le rôle dangereux d'empoisonneur. Taylor lui étoit nécessaire pour nouer
l'intrigue ; elle le mit en scène & l'associa
sans doute aux profits de l'entreprise par l'espérance d'être remboursé de ses avances. Taylor la servit à merveille. On a vu dans le
Plaidoyer de la partie adverse comment il s'y
prit pour allarmer le Prince & lui dire ses
dangers ; comment il ménagea l'entrevue de la
Dame Ogrumoff avec le Prince ; comment il
signa sa déposition pour lui donner du poids
& comment il se chargea de tous les rôles
périlleux qui devoient mettre à fin l'avanture.
Lorsque la tête du Prince & de ses partisans
fut suffisamment montée, ils s'occupèrent du
soin de rechercher les preuves du complôt.
Taylor proposa de ménager une entrevue entre
les conjurés & la Dame Ogrumoff, & d'apos-
ter des témoins qui écouteroient la conversation. Il s'offrit à être l'un de ces témoins,
en se réservant la direction de leur conduite.
On se rangea à son avis & on songea à l'exécution. M. Stanislas Potocki & M. Krakowetz, Aide-de-Camp du Prince, lui furent
adjoints. La Dame Ogrumoff fut avertie de

préparer l'entrevue avec MM. Komarzewfki
& Ryx. Le 11. Janvier elle écrivit au dernier le billet fuivant: " Je vous prie de ve-
" nir chez moi demain de bonne heure; j'ai
" à vous communiquer une affaire importante
" qui vous fera plaifir; j'efpère pouvoir exé-
" cuter fidélement tout ce qu'on a exigé de
" moi; mais auparavant il faut nous voir
" pour pouvoir bien nous concerter. Vous
" voyez que je n'ai pas perdu de vue cette
" affaire, pourvu feulement que vous, de votre
" côté vous teniez parole. "

Votre pénétration trouvera ici, Meffieurs,
le germe de l'équivoque à l'aide de laquelle
Mde. Ogrumoff & Taylor vont conduire le
refte de l'affaire. Ce billet lu par le Prince
Czartoryfki & les adhérens, ils y trouvèrent
la preuve d'une affaire commencée, d'un fervice qu'on exigeoit, d'une récompenfe promife; ils y virent déja la confirmation du
complot. Ce billet parvenu entre les mains
de M. Ryx, il lui rappella une ancienne affaire négligée depuis quelque tems, la conjuration contre le Roi, les preuves qu'on cher-
choit contre les conjurés, une lumière nouvelle à acquérir fur ce grand intérêt. Ce
fera ce fens double & équivoque que j'annonce
ici, qui va faire le nœud de la pièce.

M. Ryx arriva chez la Dame Ogrumoff
non le 15. comme il étoit mandé, mais le 16.
à trois heures. A peine affis, elle lui parla

de l'affaire dont elle étoit chargée depuis son
séjour de Grodno & des promesses qui lui
avoient été faites pour l'engager à remplir
les vûes qu'on lui avoit confiées ; elle déclara
*qu'enfin elle étoit parvenue au point désiré où elle
pourroit faire tout ce qu'on a exigé d'elle, puis-
qu'elle a le Prince Général dans sa manche, qu'il
vient chez elle, qu'elle couche avec lui, & qu'il
n'est absolument rien dont elle ne puisse venir à
bout.* A cela M. Ryx répond : « *Comment*
„ *l'avez-vous si bien embouffé.* „ Ensuite il parla
de Taylor, & conclut par dire qu'il alloit
faire son rapport au Général Komarzewski.
M. Ryx avoit une érésypele & plusieurs trous
à la jambe qui le faisoient cruellement souffrir pendant l'entretien ; il voulut se retirer.
Au moment où la porte s'ouvrit, il vit un
homme un sabre nud à la ceinture, qui fondit
sur lui & qui lui appuya deux pistolets sur
la poitrine en le chargeant d'injures ; cet homme étoit le Sr. Taylor. Derrière lui étoit
M. Stanislas Potocki, armé & prêt à soute-
nir l'attaque. M. Ryx sans armes & étourdi
d'une si brusque incartade, n'opposa aucune
résistance. Taylor remit un pistolet à sa ceinture & saisissant d'une main M. Ryx au col
& de l'autre, lui tenant le pistolet dans les
yeux, il l'entraîna après lui & le fit monter
en fiacre, sans lui rien dire qui pût l'éclaircir.
Le fiacre obéit à Taylor & arriva chez M.
le Maréchal Potocki ; le maître étoit absent.

Taylor ordonna à M. Ryx de le fuivre; il le conduifit à pied dans les rues & le piftolet fur la gorge, dans la maifon de la Princeffe Grande Maréchale Lubomirfka, fœur du Prince Czartoryfki. Là, au milieu de trente perfonnes, il déclara que M. Ryx étoit fon prifonnier, & qu'il avoit voulu empoifonner le Prince Czartoryfki. Perfonne ne comprit rien à tout cela. M. Ryx fit ce que chacun auroit fait à fa place; il protefta qu'il étoit innocent. On défarma Taylor. M. Ryx demanda la permiffion de fe retirer; on lui dit qu'il étoit arrêté. La compagnie congédiée, les perfonnes de la maifon reftèrent feules. On fit chercher Mr. le Grand Maréchal de la Courronne; il arrive. On lui dénonce M. Ryx comme convaincu d'avoir voulu empoifonner le Prince Czartoryfki, & on lui demande vengeance. Mr. le Grand Maréchal fait venir la garde du Château, l'y fait conduire & lui donne les arrêts. Le lendemain M. Ryx cite les auteurs de la violence exercée contre lui, & eft lui même cité pour répondre à l'accufation d'affaffinat & d'empoifonnement.

Tels font, Meffieurs, les faits réfultans des informations, j'ofe en attefter la vérité & vous prendre pour fes garans..... C'eft ainfi qu'en les faifant combattre avec ceux que la partie adverfe a mis à notre charge, nous avons écarté de nous jusqu'à l'ombre même du crime. Vous avez entendu de la bouche la fable qui nous inculpe, vous venez d'entendre de la nôtre l'histoire qui nous justifie. Notre Plaidoyer devroit finir ici, puisque vous avez sous les yeux les preuves juridiques de la fidélité de notre exposition & qu'elle établit victorieusement notre innocence; mais la règle nous prescrit de repousser les efforts qui cherchent à la rendre suspecte. Nous devons opposer non seulement les faits aux faits, mais de plus, les moyens de défense aux moyens d'attaques, les preuves aux preuves, la loi à la loi. Si dans les détails où nous allons nous engager, il se rencontre des vérités qui peuvent offenser, nous vous prions, Messieurs, de remarquer qu'elles naîtront de la cause, & lui seront nécessaires. Nous voudrions pouvoir nous défendre sans blesser; mais lorsque cela ne sera pas possible, on observera aisément que cette obligation de notre ministère nous a été la plus pénible & que nous lui obéissons à regret.

L'accusateur a mis sous vos yeux, Messieurs, tous les indices & toutes les présomptions qui ont servi à le convaincre de l'existence réelle du complot. Voyons s'ils sont en effet tels qu'il veut que vous les croyez, c'est-à-dire, propres à écarter de lui tout reproche de légéreté & d'imprudence.

MM. Komarzewſki & Ryx, dit-il étoient prévenus d'une opinion qui rend probable leur intention de commettre le crime. Toutes les depoſitions peignent ces Meſſieurs comme imbus de l'idée des dangers que courroit la vie du Roi, & de la part que le Prince Czartoryſki prenoit aux meſures qui la menaçoient. Vivement affectés de ces dangers, le grand intérêt qu'ils ont à la conſervation du Roi, a fort bien pu leur inſpirer le projet de prévenir par le poiſon celui qu'ils croyoient l'auteur du crime. Ainſi raiſonne la partie adverſe, mais les faits dont elle s'étaye manquent de fondement. Vous avez vu, Meſſieurs, dans les informations, la Dame Ogrumoff accablée des negligences & de l'oubli de ces Meſſieurs; elle ſe plaint ſans ceſſe de l'abandon où ils l'ont laiſſée & de la miſère où cet abandon l'a expoſée; *elle ne peut encore penſer à leurs torts envers elle ſans une émotion qui tient de la fureur.* Ces faits ſont certains, ils réſultent de ſes aveux. Prouvent-ils des gens fortement prévenus de l'opinion que la vie du Roi étoit en danger? Si ce danger eut été regardé par eux comme non douteux, auroient-ils eu ſi peu d'égards pour la perſonne qui le leur eut fait connoître & qui pouvoit encore les ſervir? L'abandon dans lequel ils l'ont laiſſée, ne met-il pas hors de doute, que l'opinion qui prévaloit dans leur eſprit, étoit celle qui leur faiſoit mépriſer & la délation & la

Délatrice? Qu'on n'objecte pas que les recherches qu'ils faisoient pour parvenir à des notions plus exactes prouvoient qu'ils croyoient au complot. Ils se bornoient à écouter ce que la Dame Ogrumoff venoit leur dire, à lui ordonner de nouvelles recherches & à déclarer insuffisantes celles dont elle leur rendoit compte. Si ces Messieurs n'ont pas absolument rompu avec cette femme, c'est qu'il suffisoit que le complot fut possible pour qu'ils fussent dans l'obligation d'agir pour le constater. Ne se seroient-ils pas rendus responsables de l'événement, si, sous prétexte que la conjuration ne leur paroissoit pas probable, ils avoient rejetté les lumieres qu'on leur promettoit pour la rendre certaine. Qui ne connoit la sévérité des devoirs de ceux à qui la vie des Souverains est confiée & combien ils font tenus d'être attentifs aux moindres notices? La conduite de ces Messieurs a été réglée sur ces principes. Jamais ils n'ont vu autre chose dans la conjuration qu'un évenement possible; & tout ce qui est résulté de cette opinion, a été quelques mesures de précaution & une conviction intérieure & efficace qu'il leur falloit de nouvelles lumieres pour aller au-delà. Dans cette disposition d'esprit, leur tête a-t-elle pu s'exalter, l'enthousiasme les saisir & leur inspirer le projet dangereux de prévenir par un crime réel, un crime douteux & sans doute imaginaire?

Ce premier fondement de la créance donnée par l'accusateur à la délatrice, manque absolument de solidité & n'eut pas soutenu un examen attentif, si la passion savoit examiner & voyoit dans les faits & les conseils autre chose que ce qui la flatte & la justifie.

Lorsque la Dame Ogrumoff fit au Prince Czartoryski sa déposition verbale, elle lui remit le paquet de poison qu'elle affirmoit lui avoir été donné par le Général Komarzewski pour l'empoisonner, & dès lors, ce paquet fut reçu par la partie adverse comme un témoin muet du crime & bientôt présenté comme tel à cet auguste Tribunal, sous le nom de corps de délit. Mais, Messieurs, n'etoit-ce point par un abus évident qu'il vous fut offert sous cet aspect, & n'a-t il pas fallu dénaturer les rapports des choses & le sens des mots pour qualifier ainsi la poudre en question.

On appelle témoin muet une chose inanimée qui sert à la conviction d'un accusé. Un homme est assassiné avec un poignard; le poignard est encore dans la blessure; il m'appartient. Il dépose contre moi, parcequ'il est à présumer que nul n'ayant le droit de se servir de mon poignard que moi, ou ceux à qui je le confie, je suis l'auteur ou le complice du crime dont il fut l'instrument. Un homme est accusé de vouloir empoisonner quelqu'un; on le saisit, on le visite, on trouve sur lui du poison; il ne peut rendre une raison suffi-

fante

fente l'ufage auquel il le deſtine; ce poiſon devient contre lui un témoin muet, qui, ſans avoir la force d'une preuve, concourt à la conviction comme indice. Mais on remarquera que le poiſon eſt ici indice, non parcequ'il eſt poiſon, mais parcequ'il eſt poiſon qui a été dans la puiſſance de la perſonne inculpée. Quelle preuve a-t-on que le poiſon en queſtion vienne originairement du Général Komarzewſki? La Délatrice qui l'affirme; c'eſt-à-dire, qu'on fait ce raiſonnement: " La Dé-
„ latrice a dit vrai, quand elle a dit que
„ le Général Komarzewſki vouloit empoiſon-
„ ner le Prince Czartoryſki, car elle a auſſi
„ dit, que le Général Komarzewſki lui a donné
„ le poiſon. „

Prouver une affirmative de la Dame O-grumoff par une autre affirmative, n'eſt-ce pas ſe rendre complice d'un ſophiſme abſurde, d'une pétition de principe évidente? Le paquet de poudre n'a donc rien de ce qui peut lui donner la qualité du témoin muet; & c'eſt ce qui n'échappa point à M. Suſſon, lorſque la même femme voulut ſe ſervir du même artifice pour lui prouver la conjuration contre la vie du Roi. Rappellez-vous, Meſſieurs, quelle fut la réponſe de cet homme de ſens: " Je
„ ne m'entends pas en poiſon, lui dit-il: peut-
„ être cette poudre en eſt-elle; mais qui m'aſ-
„ ſurera qu'elle vient de chez M. Tyzenhauz
„ & que M. Tyzenhauz la deſtinoit à empoi-

„ fonner le Roi? C'eſt là Madame , ce que
„ vous devez prouver. „

Nous ſommes fâchés d'être obligés de diſ-
puter à notre partie adverſe juſqu'au ſens qu'il
donne aux mots ; mais nous ne pouvons nous diſ-
penſer de vous faire remarquer à quel point
elle en abuſe : cela eſt néceſſaire à notre deffenſe.

Rappellez-vous, Meſſieurs, de ce moment
où la partie adverſe prononça devant vous ces
terribles mots : " Nous vous dénonçons MM.
„ Komarzewſki & Ryx comme aſſaſſins & em-
„ poiſonneurs , & voici le corps du délit. „
Sur quoi on vous préſenta un paquet de poudre qu'on vous dit être du poiſon.

Qu'eſt-ce qu'un corps de délit ? Un corps
de délit eſt un objet phyſique dont la préſence
actuelle & les modifications conſtatent la réalité d'une action ou d'une volonté maligne.

Nous vous demandons maintenant, Meſſieurs, quel rapport ſe trouve entre le paquet
de poudre & les circonſtances ci-deſſus décrites & conſtituantes un corps de délit. Le
poiſon devient corps de délit lorſqu'il a produit ſon effet ou qu'il eſt prêt à le produire.
Du poiſon trouvé dans l'eſtomac d'un homme
mort eſt un corps de délit. Du poiſon trouvé dans la boiſſon, ou les mets que je vais boire ou manger eſt un corps de délit. Un poiſon trouvé ſur quelqu'un, préſumé mal-inten-
tionné eſt un corps de delit, quoique plus in-

certain que les premiers; mais un paquet de
poifon n'eft point par lui même & indépendamment des circonftances un corps de délit;
il ne conftate point la réalité d'une action ou
d'une volonté maligne; fans quoi les bouti-
ques des Apothicaires feroient pleines de corps
de délit.

Rien n'étoit donc plus fufpect que l'autorité de la délation fondée fur la repréfenta-
tion du paquet de poudre La partie adverfe lui a attribué l'effet d'un indice & en
cela elle s'eft effentiellement abufée; elle l'a
appellé corps de délit & en cela, Meffieurs,
elle vous a tendu un piége auquel vous faurez
échapper.

La dépofition écrite du 14. janvier eft
un titre que la partie adverfe a jugé fuffifant
& propre à fervir de bafe à fes mefures; elle
vous l'a produite, Meffieurs, & elle eft maintenant fous vous yeux; permettez nous de l'e-
xaminer avec quelqu'attention.

Nous remarquerons d'abord que cette piéce a divers caractères qui la rendent fufpecte.
Une dépofition par écrit doit être dans le ftyle comme de la main du dépofant; fans quoi
le Juge fera privé des fecours qu'il peut tirer
de l'inexpérience de celui-là pour démêler fes
vues. Tout écrit, où un tiers a travaillé, n'a
aucune autorité par cette feule circonftance.
Or, Meffieurs, qui penfera que la dépofition
de la Dame Ogrumoff foit d'elle, par la forme

& par le ftyle; nous avons de fes lettres ori-
ginales; qu'on les rapproche de la dépofition,
on en jugera. Obfervez-d'abord l'exorde de la
pièce. *Je déclare par pur amour de vérité & de
probité, fans que perfonne m'ait fuggeré ni le projet de la dépofition, ni les circonftances qui l'acom-
pagnent. &c.&c.*

Qui reconnoîtra à ces tournures & à ce
ftyle une femme qui parle à la verité le françois, mais fans correction; Je déclare par pur
amour *de vérité & de probité;* l'omiffion des
deux articles devant ces fubftantifs apparte-
nant au ftyle des actes publics, ne trahit-elle
pas un guide du métier, qui a aidé à la réda-
ction de la piéce & tout le refte ne dit-il pas
la même chofe? C'eft un fait, qui n'a pas é-
chappé aux recherches, qu'il y a eu une dépofition qui a précédé celle dont-il eft ici queftion, mais fi chargée de circonftances exage-
rées & abfurdes, que la partie adverfe n'a pu
en faire aucun ufage & qu'elle en a dû faire
faire une feconde plus analogue à fes intérêts & à fes vues; C'eft celle dont-il eft ici
queftion & qui pêche par fa perfection même.

On demandera peut-être pourquoi l'abfurdité de la première dépofition n'a pas rendu
la délatrice fufpecte à l'accufateur. Mais,
Meffieurs, ce qui feroit toujours, fi la raifon
étoit écoutée, n'eft prefque jamais, par ce que
nous mettons nos paffions & leurs interêts à

fa place. Au lieu de défabufer la partie adverfe, l'abfurdité de la première depofition
l'a conduite à en demander une feconde plus
circonfpecte & à rien de plus.

Si nous ne craignions, Meffieurs, d'abufer
de votre patience, nous parcourrions avec vous
chaque article de cette depofition & nous vous
y ferions obferver les fignes de l'impofture la
plus évidente. Quelle invraifemblance dans
la manière brufque & fans nuance avec laquelle le Général Komarzewfki commande l'empoifonnement. Eft-ce ainfi qu'on hazarde de
telles commiffions? Mais fachons nous borner
& difons en deux mots, que cette depofition,
loin de juftifier la credulité de la partie adverfe par des caractères de verité, propres à
furprendre fa confiance, auroit du au contraire & indépendamment des doutes qu'auroit du
faire naître la première depofition, exciter fa
défiance & lui prefcrire des démarches plus
réfervées.

L'accufateur vous préfente, dans la précaution qu'il a prife d'offrir deux cents ducats
à la Dame Ogrumoff pour la porter à retra-
cter fa délation, au cas qu'elle fut fondée fur
l'impofture, une autre preuve de la fageffe de
fes mefures. Mais, Meffieurs, cette mefure
pouvoit-elle jamais donner un réfultat bien concluant? Etoit-il naturel de penfer que la Dame Ogrumoff, jouant à un auffi gros jeu, fe
contentat d'un auffi petit profit? Lorfqu'el-

le prit le parti de s'engager dans une affaire
aufli périlleufe, elle avoit balancé les avantage que lui donneroit le fuccès, & ces avantages devoient être tels, qu'ils devoient compen-
fer les rifques, & fuivant fon langage, *affu-
rer fon bonheur*. Elle étoit fans doute réfolue
à fe mettre une fois pour toute à convert de
la mifère, ou à périr. C'étoit là la feule
vue qui ait pu la porter à tenter l'avanture.
La Partie adverfe ne pouvoit s'y tromper.
Sur ce principe, que la moindre réflexion lui
eût fait envifager comme certain, ne devoit-
elle pas prévoir que deux cents ducats n'é-
toient pas fuffifans pour faire renoncer cette
femme à de plus hautes efperances. Qu'étoit-
ce en effet que cette fomme comparée à fes
befoins? Il eft prouvé que les dettes de la
Dame Ogrumoff approchoient 3000. ducats.
C'étoit à peine pour l'Année les intérêts de
fes dettes & ce qu'elle eut pu en dérober à
fes créanciers étoit non feulement une reffource paffagère, mais eut été la dernière de
fes reffources. Son aveu l'eut fait connaître
pour une fcélérate impudente, la honte & le
fléau de la fociété : pouvoit-elle compter fur
le fecret qui lui étoit promis? & ce fecret
divulgué, qui fe fut laiffé déformais approcher par elle ? Toute induftrie ultérieure lui
devenoit impoffible. Ne favoit-elle pas qu'on
ne fait des dupes qu'en intéreffant à fes malheurs & en fe faifant juger digne d'un meil-

leur fort? la partie adverfe a du penfer que
fi d'ailleurs cette femme étoit capable d'impofture, elle feroit affez habile pour faire fervir fon refus à établir la confiance & à avan-
cer de plus grands intérêts. Ce que la partie
adverfe eut du prévoir eft arrivé. Et comme
la Dame Ogrumoff avoit refufé le fecours que
le Roi lui avoit offert jadis dans un cas fem-
blable, elle refufa auffi les 200. ducats qui lui
furent offert par le Prince. Ces deux refus
dans deux circonftances pareilles, avoient le
même but: celui d'établir la confiance & de
parvenir par elle à de plus grands bienfaits.

Nous avons prouvé, Meffieurs, dans ce
qui précéde, que les faits, fur lefquels la
partie adverfe veut établir qu'elle a pris des
méfures fuffifantes pour n'être point trompée,
offrent un réfultat contraire, & donnent aux
indices & aux préfomptions qui ont fervi de
fondement à fes démarches, les caractères
d'indices légers & de préfomptions équivoques.

Paffons maintenant à la preuve teftimoniale; elle doit établir que: *MM. Komarzewfki & Ryx ont donné commiffion à la Dame O-
grumoff d'empoifonner le Prince Adam Czartoryfki.* La dépofition des témoins prouve-
t-elle cette affertion? Les perfonnes qu'on veut
appeller au témoignage ont elles les qualités
requifes par la loi? Ces deux queftions vont
être examinées.

L'accusateur vous présente quatre témoins principaux. La Dame Ogrumoff, M.
Stanislas Potocki, le Sr. Taylor & M. Krakowetz; ce dernier ne déposant point sur le
fait même, mais sur des oui-dire. Nous nous
bornerons à l'examen des trois premiers.

Sans doute ils témoignent uniformément
avoir entendu MM. Komarzewski & Ryx donnant à la Dame Ogrumoff la Commission d'empoisonner le Prince Adam Czartoryski; promettant des récompenses proportionnées au
service, & ils les ont vu remettant entre ses
mains le poison dont elle doit se servir. Il
faut convenir que si cela étoit ainsi, la loi
récuseroit envain les témoins; votre conscience
jugeroit MM. Komarzewski & Ryx coupables,
tandis que votre bouche, Messieurs, feroit
forcée de les absoudre. Mais il n'y a rien
ici de tel; daignez nous accorder un peu d'attention. Le premier vice des témoignages
des trois personnes citées, c'est qu'il ne sont
point uniformes. Jugez-en, Messieurs, en les
rapprochant.

M. Stanislas Potocki s'exprime de la manière suivante dans son interrogatoire du 3.
Février.

    " Après un court détail des promesses
„ faites à elle à Grodno & confirmées par M.
„ Komarzewski à Varsovie, c'est-à-dire, mille
„ ducats de récompense, cinq cent ducats de
„ pension & une terre; ces paroles de Mde O-
„ grumoff m'ont le plus frappé. „

Le Sr. Taylor dans son interrogatoire du 31. Janvier rend le commencement du dialogue d'une manière différente. La voici.

" *Mde. Ogrumoff:* Comment vous portez-
,, vous M. Ryx? vous savez M. Ryx ce qui
,, s'est passé à Grodno, que vous me priâtes
,, de rechercher la correspondance du Prince
,, Général; vous savez comme vous m'y avez
,, laissée; mais puisque vous me faites de
,, nouvelles propositions & de nouvelles pro-
,, messes; &c. ,,

Vous remarquerez, Messieurs, combien ces versions diffèrent; la première parle de mille ducats, de cinq cents ducats, d'une terre; la seconde n'en fait pas mention. Celle-ci indique l'objet du traité de Grodno, la recherche de la correspondance &c.; de plus elle fait mention de nouvelles propositions & de nouvelles promesses dont-il n'est absolument pas question dans la première. Enfin ces deux dépositions qui varient si essentiellement entr'elles, se trouvent en opposition avec la troisième, celle de la Dame Ogrumoff dans laquelle le dialogue commence par ces mots: " M. Ryx, vous avez toujours pensé que je
,, ne puis rien faire. — *Ryx.* Non, Madame,
,, je n'ai pas pensé cela. — *Ogrumoff.* Eh bien
,, j'ai le Prince &c. ,,

Rapprochons encore la suite des trois dépositions, nous ne les trouverons pas plus concordantes.

M. Potocki continue ainsi.

" *Ogrumoff.* Enfin je suis sûre d'avoir le
„ Prince Général des terres de Podolie dans
„ mes mains; je puis faire avec lui tout ce
„ que vous avez prétendu de moi. Voulez-
„ vous que je le tue avec le fer, ou que je
„ le fasse périr avec le poison.

„ *Ryx.* Bravo, bravo, fort bien, fort bien,
„ vous l'avez donc déjà bien embouffé. „

Taylor continue ainsi sa déposition:

" *Ogrumoff.* Si vous voulez tenir parole
„ comme des gens d'honneur, je conduirai ici
„ le Prince Adam Czartoryski, après quoi
„ voulez-vous que je l'empoisonne ou que je
„ le tue.

„ *Ryx.* Bravo, bravo, bon, bon. „

La Dame Ogrumoff rend le tout de la
manière suivante:

" J'ai déjà le Prince Général dans ma
„ manche; je l'ai amené à une telle familia-
„ rité que je puis déjà coucher avec lui; il
„ a même été deux fois chez moi. A présent
„ donc, je puis faire tout ce que vous avez
„ prétendu de moi, le tuer, l'empoisonner,
„ en un mot, faire tout comme M. Koma-
„ rzewski voudra.

„ *Ryx.* Vous l'avez donc bien embouffé?
„ Tant mieux. „

Vous remarquerez, Messieurs, combien
ces trois textes diffèrent essentiellement entr'eux. Dans le premier il n'est pas question

d'amener le Prince Général chez la Dame O-
grumoff. Dans le fecond cette circonftance
eft exprimée. Celle-ci omet toutes les phra-
fes antécédentes.— j'ai dans mes mains le Prince, — j'en puis faire &c. L'une dit, — voulez-
vous que je l'empoifonne ? — l'autre— après
quoi, voulez-vous &c.

Dans la dépofition de la Dame Ogrumoff,
la phrafe n'eft point interrogative " A préfent
„ je puis faire tout ce que vous avez défiré
„ de moi, le tuer, l'empoifonner. „ M. Komarzewfki eft nommé dans cette dernière ; il
ne l'eft point dans les deux autres.

La réponfe de Ryx varie de même dans
les trois dépofitions.

Suivant M. Potocki. Bravo. Bravo, fort
bien, fort bien, vous l'avez donc bien embouffé ?

Suivant Taylor, Bravo, bravo, bon, bon.

Suivant la Dame Ogrumoff. Vous l'avez
donc bien embouffé. Tant mieux, tant mieux.

Nous pourrions, Meffieurs, trouver dans
le rapprochement du refte du dialogue des différences non moins effentielles que dans ce que
nous en avons cité ; mais comme ce qui fuit,
eft moins effentiel, nous ne vous fatiguerons
pas par une difcuffion inutile. Vous avez les
dépofitions fous vous yeux ; nous ofons vous
inviter à les comparer & vous vous convain-
crez que nous n'avons rien avancé que de vrai.

en vous difant qu'il s'y rencontre des variations non moins fufpectes que les premières.

Quelles font, Meffieurs, les conféquences
qui réfultent de ces variations dans le point
décifif du dialogue ? Que ces trois témoigna-
gues étant uniques chacun dans fon fens, ne
font pas probans & que la loi ne fachant auquel elle doit fe tenir & lequel contient vérité, les rejette tous également.

Qu'on fe repréfente la pofition de M. Potocki & Taylor au moment où ils écoutoient,
on comprendra aifément par elle pourquoi
leurs dépofitions ne font point uniformes; c'eft
qu'il étoit impoffible qu'ils puffent entendre ce
qui fe difoit avec cette précifion qui n'auroit
rien laiffe à défirer.

M. Potocki étoit prévenu; fon imagination étoit pleine de la délation de la femme
& prête à faifir les moindres traits de la converfation qui pouvoient s'y rapporter.
Quant à Taylor, laiffons à part pour un moment l'objection de complicité avec la Ogrumoff; il fe trouvera dans la même difpofition
d'efprit que M. Potocki & aura par deffus celui-ci l'intérêt de faire entendre des chofes
qui confirment l'allarme qu'il a donnée. L'un
& l'autre etoient agités; ils meditoient une
action dangereufe, celle d'arrêter M. Ryx; ils
croyoient toucher à l'inftant d'une efpèce de
combat; quoique deux contre un, M. Ryx étoit
vigoureux & pouvoit faire une réfiftance qui

eût amené du péril. M. Potocki peint Taylor comme un furieux qu'il avoit peine à re-
tenir; Taylor ne le nie pas; il vouloit à tout
moment entrer & se jeter sur M. Ryx; plusieurs fois il avoit déjà la main sur son sabre.
M. Potocki a été obligé de lui mettre la main
sur la bouche. Voilà assurément une situation
peu propre à bien entendre; un des auditeurs
est *enragé*, & l'autre est occupé à le contenir.
Pendant ce tems-là, la conversation de l'intérieur va son train. Jugez, Messieurs, avec
quelle attention elle est écoutée, & combien
de choses ont dû échapper. Ajoutez encore à
cela que ces Messieurs ont une porte entre
eux & les interlocuteurs & qu'il seroit phy-
siquement impossible à des témoins calmes, &
de sang froid de ne rien perdre de la conversation. Qui ne sait d'ailleurs combien les
yeux aident à bien entendre & comment l'air
& le geste, dont ils sont les juges, sont nécessaires pour fixer le sens des mots? On dit,
à la vérité, qu'il y avoit une fente à la porte; mais deux spectateurs ne peuvent voir à
travers une fente; il faut regarder l'un après
l'autre, & tandis que l'un voit, l'autre ne voit
pas. M. Potocki convient que bien des choses lui ont échappé. Il est hors de doute que
ce qui lui a échappé, étoit précisément ce qui
auroit servi à donner un autre sens à ce qu'il
a entendu; qu'il n'est parvenu à l'oreille de
ces Messieurs que des phrases coupées, des

mots ifolés que la Dame Ogrumoff a fortement prononcés, tandis qu'elle a laiffé tomber
la voix lorfque la converfation amenoit des
chofes qui auroient pu exciter leurs doutes.

De ce concours d'obftacles eft réfulté les
différences des dépofitions de M. Potocki &
du Sr. Taylor. Nous avons fuppofé jufqu'ici
ce dernier de bonne foi ; mais s'il ne l'eft pas,
s'il eft de moitié dans le piége, eft il éton-
nant qu'il veuille renchérir fur M. Potocki ?
Nous ne favons, Meffieurs, fi nous nous trom-
pons, mais cette fureur, cette impatience de
fe jeter fur Ryx nous eft fufpecte ; elle femble caractérifer quelqu'un qui cherche à di-
ftraire & à troubler fon compagnon, & qui veut
abréger l'examen de peur qu'il n'échappe des
chofes qui contrarient fes vues.

Voilà, Meffieurs, la première obfervation qui fe préfente fur la dépofition des témoins ; elle eft fufpecte, parcequ'ils ont va-
rié ; & cette variation eft fuffifamment expli-
quée par les circonftances de la fituation des
lieux & des perfonnes. Voyons maintenant
fi ces dépofitions prouvent ce qu'elles doivent
prouver. Mais auparavant choififfons entr'elles celle à laquelle nous devons nous tenir.
Sans doute, Meffieurs, vous nous accorderies,
fi nous vous le demandions, le droit dont a
ufé notre partie adverfe, celui de nous faifir
de celle de ces dépofitions qui nous convien-
droit le mieux. Nous pourrions, par exem-

plé, prendre celle de la Dame Ogrumoff; car
les mots essentiels y manquent ; il n'y a point
la question — " Voulez-vous que j'empoisonne,,
ni la réponse ,, bravo, fort bien.,, Il y a seulement — *Je puis faire tout ce qu'on a prétendu ;
l'empoisonner ; l'assassiner ; tout ce que M. Komarzewski voudra & tout ce qu'il a voulu.* A cela M.
Ryx repond—Vous l'avez donc bien embouffé—
tant mieux, tant mieux. —Vous sentez, Messieurs,
combien il nous seroit facile de prouver que
tout cela a un sens équivoque & peu concluant.
Et en effet, ces phrases, *Je puis faire ce qu'on
a prétendu, ce qu'on a voulu, empoisonner, assassiner &c.* Peuvent s'entendre de deux maniè-
res qui dépendent absolument de la ponctua-
tion ; car si vous ne placez qu'une virgule
entre, *ce qu'on a prétendu, l'empoisonner &c.*
il se trouvera qu'on a prétendu qu'elle l'empoisonne ; mais mettez une virgule & un
point, alors, *ce qu'on a prétendu de moi ;*
l'empoisonner ; l'assassiner &c. &c. feront trois
choses indépendantes & isolées, que la Dame
Ogrumoff est également en état de faire si
on le lui ordonne. Mais c'est surtout dans
la réponse de M. Ryx où nous nous trouve-
rions bien à l'aise. C'est cette réponse qui
est la base de l'accusation ; elle fait en quelque sorte le corps du délit, puisque c'est
d'elle qu'on conclut à l'approbation &'à la réalité du complot. Cependant que répond M.
Ryx dans la déposition de la Dame Ogrumoff.

—*Vous l'avez donc bien embouffé, tant mieux.*
Le *tant mieux*, ou le fort bien, que les deux
autres dépositions font tomber sur le —
voulez-vous que j'empoisonne — n'appartient
ici qu'au succès avec lequel cette femme s'est
insinuée dans la confiance du Prince, *vous l'a-
vez donc bien embouffé, tant mieux.* Dèslors
plus de prise sur M. Ryx. Ce n'est pas un
crime d'applaudir au succès d'une entreprise
dont on donne une raison probable & satisfai-
sante. — Vous voyez, Messieurs, que la déposition de la Dame Ogrumoff seroit fort à nôtre bienséance. Mais nous voulons faire une
belle guerre & nous donnons à l'ennemi le
choix des armes. Il s'est saisi de la déposition de M. Stanislas Potocki. Nous y consen-
tons, & nous allons tenter le combat.

M. Potocki dit avoir entendu ces mots.

" Maintenant je suis certaine de pou-
„ voir avoir le Prince Czartoryski dans mes
„ mains; je puis l'amener ici; je puis faire
„ avec lui tout ce que vous avez désiré de
„ moi; voulez-vous que je le tue avec du
„ fer, ou bien, que je le fasse périr par le
„ poison?

„ *Ryx.* Bravo, bravo, fort bien, fort bien,
„ vous l'avez donc déjà bien embouffé &c. „

Dans l'esprit de cette déposition, le complot doit être prouvé par les mots — bravo,
bravo, fort bien, fort bien, en tant qu'ils
font la réponse à la question — voulez-vous que
j'em-

j'empoisonne &c. — Mais ces mots étoient-ils
en effet dans l'intention de M. Ryx, la réponse à cette question? Nous osons affirmer
que non, & qu'il y a de l'absurdité à le sou-
tenir.

En supposant que M. Ryx a compris la
question & qu'il n'est pas privé de sens, qu'au-
roit-il du répondre lorsqu'on lui a dit: " Vou-
„ lez-vous que je le tue avec du fer, ou que
„ je le fasse périr avec le poison? „ Il y
avoit quatre réponses à faire. *1mo.* Tuez avec
le fer. *2do.* Faites périr avec le poison. *3tio.*
Choisissez vous même ce qui vous sera le plus
facile. *4to.* Ne faites ni l'un ni l'autre. Nous
défions qu'on puisse faire à cette demande une
réponse qui ne soit pas l'une de ces quatre,
à moins qu'elle ne soit absurde. Quelle a
été celle de M. Ryx. " *Bravo, bravo, fort*
„ *bien, — vous l'avez donc déjà bien embouffé.* „
Quel rapport y a-t-il ici entre la question
& la réponse? on n'en peut appercevoir aucun; bravo est donc relatif à quelque chose
d'antécedent, que l'interlocuteur a eu en vue,
ou il est vuide de sens. Trois assertions ont
précédé le *voulez vous* &c. *1mo.* Je suis sûre
de pouvoir maintenant avoir le Prince Czartoryski dans ma main; *2do.* je puis l'amener
ici; *3tio.* je puis faire avec lui tout ce que
vous avez désiré. — Mettez le *bravo, bravo,*
fort bien, vous l'avez donc déjà embouffé, à la
suite de ces trois phrases, vous lui trouverez

E

un fens clair & naturel; c'eft un homme qui
applaudit aux fuccès & à l'habilité d'une
femme qui a bien joué fon rôle. Le mot
bravo eft ici heureufement employé; il eft
confacré par l'ufage pour louer le talent; il
eft le mot propre & femble né pour la place
qu'il occupe. D'ailleurs, examinez la phrafe
qui le fuit — *vous l'avez donc déjà bien embouffé*,
qui peut douter après cela de l'intention de
l'auteur ? N'eft-elle pas irrévocablement fixée
par cette dernière phrafe ? Ainfi, ce qui précéde la réponfe de M. Ryx, & ce qui la fuit,
rend le mot de *bravo* abfolument étranger à
la queftion intermédiaire, — *voulez-vous que
j'empoifonne ?*

Il eft évident que cette queftion n'a été
ni entendue ni comprife par M. Ryx, ou que,
s'il y a fait quelque attention, c'a été dans le
fens que préfente la dépofition de la Dame
Ogrumeff, c'eft-à-dire, comme une manière
d'exprimer énergiquement & par un dernier
trait, l'excès de la confiance que cette femme
avoit fu infpirer au Prince: confiance, qui la
mettoit à même d'entreprendre & d'exécuter
tout ce à quoi elle s'étoit engagée & des chofes plus difficiles encore.

Nous vous le demandons ici, Meffieurs;
avons nous fait violence aux termes en leur
donnant un fens & une interprétation favorable ? Votre raifon & vos fcrupules en deman-
dent-ils & peuvent-ils en admettre un autre ?

Comment donc la partie adverse a-t-elle pu voir dans ce morceau du dialogue la preuve suffisante de la réalité du complot? Comment sur ce fondement unique a-t-elle pu prononcer devant cet augste Tribunal ces mots redoutés: *Nous accusons MM. Komarzewski & Ryx d'avoir voulu empoisonner le Prince Czartoryski.*

Nous n'en disconvenons pas, Messieurs, il y a eu quelque habilité dans la manière dont cette scélérate a conduit toute cette affaire; elle a commencé par s'associer un complice nécessaire qui avoit la confiance du Prince; elle l'a très bien instruit sur la manière dont-il devoit l'allarmer pour sa vie; elle est venue à propos en scène, les esprits étaut préparés; elle a su alors se servir de tous ses avantages; elle a joué le desintéressement & l'horreur du crime; elle a fait une déposition verbale; elle en donne ensuite une par écrit. Lorsqu'elle a vu toutes les têtes montées, toutes les opinions prévenues, elle a proposé un expédient qu'elle a présenté comme décisif. Persuadée que sitôt qu'elle auroit fait entendre des choses équivoques, mais qu'elle auroit l'art de faire paroître conciliantes, elle sortiroit de scène bien payée & bien récompensée; s'inquiétant peu des autres conséquences qui lui seroient étrangères. Voilà du moins ce qu'elle a fait assez clairement entendre. Dans ce but, elle fit naître l'idée

d'une entrevue avec MM. Komarzewſki & Ryx.
On accepta la propoſition; tout fut arrangé;
les témoins furent appoſtés. Elle commença
la converſation par fixer l'attention de M. Ryx
ſur l'ancienne affaire de Grodno & ſur l'enga-
gement qu'elle avoit pris de ſe ſaiſir des papiers & des ſecrets du Prince, & à l'aide
des opinions dont elle avoit préoccupé ceux
qui écoutoient, elle fit des queſtions, & reçut
des réponſes qui avoient un ſens dans l'eſprit
de ſon interlocuteur, & un autre dans celui
de ſes auditeurs. Ce manége eſt ſans doute
adroit; il décéle un talent cultivé par l'expérience; mais malgré toute cette adreſſe, ſi au
moment du dialogue ces Meſſieurs avoient été
de ſang froid, n'auroient-ils pas pu démêler
le piège & voir des caractères frappans d'in-
vraiſemblance. Ils ne l'ont pas fait; Pourquoi ? Nous l'avons déjà dit, les préventions
ne voyent, & n'entendent que ce qui les juſtifie; elles ont l'art de faire diſparoître tout ce
qui ne ſert pas leurs intérêts.

Nous venons, Meſſieurs, d'examiner cette
queſtion; " la dépoſition des témoins prouve-
" t-elle en effet ce qu'on veut lui faire prou-
" ver, c'eſt-à-dire, que MM. Komarzewſki &
" Ryx ont réellement conſpiré contre la vie
" du Prince Adam Czartoryſki? „ Nous nous
flattons de l'avoir réſolue d'une manière né-
gative & victorieuſe. Il ſemble ſuperflu d'examiner maintenant, ſi les perſonnes appellées

au témoignage par la partie adverſe, ont les qualités requiſes par la loi, puiſque n'ayant rien à dire dans l'inquiſition aſſermentée que ce qu'elles ont dit dans l'information, & ce qu'elles ont dit ne prouvant point ce qu'on veut lui faire prouver, il nous eſt indifférent de les admettre, ou de les rejetter.

Mais encore une fois, la loi veut que ſur chaque point vous entendiez contradictoirement les parties ; elles doivent oppoſer les moyens de deffenſe aux moyens d'attaque, & comme l'accuſateur a demandé qu'on entendit le témoignage aſſermenté de Mde. Ogrumoff, de M. Stanislas Potocki & de M. Taylor, nous ſommes obligés de mettre ſous vos yeux toutes les objections qui doivent motiver & juſtifier votre refus, comme s'il importoit beaucoup à notre deffenſe.

Nous allons donc, Meſſieurs, nous engager dans une diſcuſſion de droit, d'autant plus fatiguante qu'elle eſt inutile au fond de l'affaire ; mais comme vous êtes obligés, non ſeulement de faire juſtice, mais de la faire de la manière que la loi l'ordonne & par les moſtifs qu'elle vous preſcrit, nous allons traiter avec quelque détail la queſtion relative à la preuve teſtimoniale conſidérée dans ſes rapports avec les perſonnes ; afin que, ſi la partie adverſe veut quelque jour rendre votre déciſion ſuſpecte de partialité, elle trouve ici des autorités qui la réduiſent au ſilence. Nous

Notre code criminel eſt trop imparfait pour pouvoir ſervir de régle au Juges, & à la procédure. C'eſt un fait dont nous devons convenir avec la partie adverſe; elle nous a donné l'exemple de recourir aux codes étrangers & à l'autorité de leurs interprêtes. Nous l'imiterons d'autant plus volontiers en cela que nous y ſommes invités par la loi de 1776, pag. 42. litt *De la conviction en matière criminelle*. Il y eſt dit expreſſément que nous devons procéder dans la recherche des crimes ſuivant les régles indiquées dans le droit commun. Voyons donc ce que ce droit demande aux témoins pour que leur dépoſition puiſſe faire une preuve légale.

   " Sciant cuncti accuſatores eam ſe rem
» defferre in publicam notionem debere, quæ
„ munita ſit idoneis teſtibus... vel inſtructa
„ apertiſſimis documentis vel indiciis ad pro-
„ bationem indubitatis & luce clarioribus ex-
„ pedita. (*Cod: lib: 4. tit. 19. De probat: Imp:*
„ *Grat: Valent: & Theod:*) „

   Que tous les accuſateurs ſachent que cette affaire ſeule doit être portée à la connoiſſance des Juges, qui eſt appuyée ſur l'autorité des témoins irréprochables... ou conſtatée par des documens authentiques, ou prouvée par des indices indubitables & plus clairs que la lumière. Nous avons déjà obéi à la dernière partie de la loi, en examinant ſi les documens de l'accuſateur étoient authentiques, & ſi ſes indices étoient plus

clairs que le jour; voyons maintenant si ses
témoins font irréprochables? Qu'est-ce
que la loi entend par un témoin irréprocha-
ble, *testis idoneus.* Ecoutons la parler elle-
même.

Testium fides diligenter examinanda est. Ideo-
que in persona eorum exploranda erunt, in primis
conditio cujusque; utrus quis decuria an plebeius
sit, & an honesta & inculpatæ vitæ, an vero no-
tatus quis & reprehensibilis; an locuplex vel agens
sit ut lucri causa quid facile admittat; vel an ini-
micus ei sit adversus quem testimonium fert, vel ami-
cus ei sit pro quo testimonium dat. Nam si ca-
reat suspicione testimonium, vel propter personam
a qua fertur quod honesta sit, vel propter causam
quod neque lucri neque gratiæ, neque amicitiæ
causa sit, admittendus est. (Dig: lib: 22. Tit: 5.
de Testibus.)

Cette loi contient en termes généraux
tous les principes de la récufation d'un témoin. 1mo. Si les mœurs font mal-honnêtes &
inculpées. 2do. S'il est dans le befoin, & par
là, préfumé fufceptible de fe laiffer féduire
à l'appas du gain. 3tio. S'il est ennemi de celui contre qui il témoigne. 4to. S'il est ami
de celui en faveur de qui il témoigne. Re-
cufé dans tous ces cas, il doit être admis dans
les contraires.

Pour jeter plus de jour encore fur cette
matière, recourrons à l'autorité des interprêtes.

*A Teftimonio excluduntur, inipuberes, fu-
riofi, mente capti, fui dr, cæci, infames, vilifimæ
conditionis, publico judicio damnati, corrupti, fal-
farii, fervi adverfus dominos, liberi contra paren-
tes, aliique fanguine vel affinitate proximiores,
ignoti, delatores ipfi, focu criminis, inimici.* (Bôhm.
fect: l. Ch: XI §. 106. Dam houd: pr: cri: C.
VI. X. Frölich L. II. P. I. Lit: 12. Beyer.
Carpz: Jul: Clar: &c. &c.

Les criminaliftes que nous venons de citer ont développé la loi en défignant avec détail ce qu'elle n'avoit indiqué que d'une manière générale.

Ainfi il faut rapporter d'après eux au premier & au fecond moyen de récufation qu'elle a
indiqué, les infames, les gens de la plus vile
condition, les gens flétris par un jugement public, les gens corrompus par argent, ceux qui
font convaincus d'actes de faux. On rappor-
tera au troifième moyen, les domeftiques,
les enfans, les autres parens de fang & d'alliance, parcequ'ils font préfumés amis de ceux
pour qui ils témoigneroient. Sous le quatrième enfin il faut ranger les délateurs, les
complices & les ennemis.

Tels font, Meffieurs, les principes
que nous allons prendre pour guide & leurs
fources; il ne nous refte plus qu'à les fuivre
& à les appliquer. Les quatre témoins pro-
duits par la partie adverfe & fur la dépofi-

tion defquels elle veut établir fa preuve juridique, font.

Mde Ogrumoff, M. Stanislas Potocki, le
Sr. Taylor M. Krakowicz. Nous avons déja
dit que ce dernier ne dépofant que fur oui-
dire, fon témoignage, a tout au plus la qualité d'un indice & n'appartient pas à notre
examen.

La Dame Ogrumoff. La loi la recufe
parcequ'elle eft de moeurs mal-honnêtes & inculpée, coupable de faux, corrompue par argent, délatrice & ennemie.

Rien n'eft mieux conftaté que l'infamie
des moeurs de cette femme. Partout où vos
recherches l'ont fuivie, vous l'avez trouvée
entourée des complices de fa proftitution. La
lifte des compagnons de fes débauches, ne
peut être calculée; on n'en trouve ni le commencement ni la fin. Venife, Hambourg, Ber-
lin, Varfovie, Dantzic, Pétersbourg, dépofent
de fon infamie. Partout elle a joint à l'opprobre de fa profeffion les vices des fcélérates
infignes; la trahifon, le menfonge, le vol,
l'art de dépouiller & de faire des dupes; elle
a fait pendre un de fes maris à Bruges; un
de fes amans a été tué à Hambourg. Partout
le fcandale l'a précédée ou fuivie. Nous ne
fouillerons pas ce difcours par les faits fur
lefquels font appuyées ces graves inculpations,
entendez-les, Meffieurs, de la voix publique
qui s'élève contre elle.

Et c'eſt là cette femme que la partie adverſe vous dépeint comme *plus digne de pi-tié que de blâme*; cette femme *de qui l'excuſe eſt dans ſon ſexe & les complices dans le nôtre*; cette femme en faveur de qui on voudroit ſurprendre votre confiance & votre eſtime. Qu'a de commun, Meſſieurs, la courtiſanne perdue, avilie, avec la femme tendre & ſenſible? Le déſintéreſſement, la timidité, les vertus qui ſont les compagnes néceſſaire de l'amour honnête, avec le ſcandale, l'effronterie, tous les genres de dépravation qui caractériſent la femme publique? Encore une fois, Meſſieurs, l'impudique Ogrumoff, couverte d'opprobre & d'infamie, ne doit paroître devant vous, que comme une ſcélérate que vous devez punir; il ne lui eſt permis d'approcher des autels de la vérité que comme une victime qui doit y être immolée, & non comme un témoin qui a le droit d'y offrir ſon hommage.

La loi rejette encore le témoignage de la Dame Ogrumoff comme atteinte & convaincue du crime de faux.

Ce ſeroit-ici le lieu de vous rappeller, Meſſieurs, les contrariétés & les variations ſans nombre qui ſe trouvent dans les dépoſitions de cette femme; mais nous ſerons obligés de nous borner.

Elle a déclaré dans ſa dépoſition par écrit du 14 janvier que M. Komarzewſki, lui avoit

promis une lettre de change fur Tepper de
1000. ducats. Une penſion de 500. ducats &
une terre, à condition qu'elle empoiſonneroit
le Prince Adam Czartoryſki.

Dans ſon interrogatoire du 19. Janvier
page 9, elle dépoſe que M. Komarzewſki lui
avoit dit. " Si vous pouvez me faire voir la
„ ſignature du Prince Czartoryſki de loin,
„ voilà une lettre de change de M. Tepper
„ de 1000. ducats qui eſt à vous, de plus vous
„ aurez une penſion de 500. ducats & une ter-
„ re loin de Varſovie ou vous pourez vivre
„ en ſûreté. „ Voilà une contradiction du
genre le plus caractériſé, attendu qu'elle porte ſur un fait eſſentiel; ſavoir les circonſtances d'un marché fait avec elle. Dans une dépoſition elle dit que le marché a pour objet
la mort du Prince Czartoryſki; dans l'autre la
recherche de la correſpondance de ce même
Prince. Toute contradiction dans le même
fait, emporte avec ſoi la preuve d'un menſon-
ge avéré. La Dame Ogrumoff eſt fauſſaire
ou dans ſa première ou dans ſa ſeconde dépoſition.

" Pro regula eſt conſtituendum, falſa eſ-
„ ſe teſtimonia quando teſtes eâdem de re in-
„ terrogati contraria & pugnantia atteſtati
„ ſunt— efficit etiam hæc repugnantia & va-
„ rietas ut nulla ipſis atteſtationibus fides ad-
„ judicatur „ (*Menoch: Tract: de præſompt:*
pars 2. libr: 5. Cap: 22.)

Il faut poser pour principe que les témoignages sont faux, lorsque les témoins interrogés sur la même affaire, disent des choses opposées & contradictoires. Cette opposition & cette variation font qu'on ne peut ajouter aucune foi à leur déposition.

A ce premier fait, ajoutons-en quelqu'autre encore. La Dame Ogrumoff ayant été avertie, on ne sait comment, que ce qui se trouvoit dans sa première déposition, de relatif à l'histoire de Grodno, embarassoit le parti accusateur, elle demanda un nouvel interrogatoire. On le lui accorda. *Vid. Interrog. du 10 Février pa. 5.* Elle affecta d'abord des scrupules sur ce qu'elle avoit oublié certaines circonstances essentielles dans sa dernière déposition. Après quoi elle rapella quelques faits éloignés qui la ramenèrent insensiblement à l'histoire de Grodno. Alors elle déclara que tout ce qu'elle avoit dit là-dessus, contenoit fausseté & qu'elle le retractoit; qu'il n'étoit pas vrai qu'elle eût été chez M. Tyzenhauz, qu'elle ne l'a jamais connu, & qu'elle n'a jamais surpris chez lui de poison; que ce poison qu'elle avoit fait voir à M. Susson, lui avoit été remis par M. Ryx pour empoisonner M. Tyzenhauz &c. &c. L'absurdité de toutes ces fables est palpable. On y trouve avec indignation une effronterie dégoutante, les preuves & les aveux du mensonge & de la fausseté la moins douteuse.

Dans ce même interrogatoire du 10. Février, elle déclare qu'elle s'etoit engagée à livrer au Comte Moſzyńſki une lettre que le Grand Général Branicki lui avoit remiſe pour la faire parvenir au Prince Henri de Pruſſe, & qui contenoit des faits relatifs à la conjuration. Interrogée ſi cette lettre étoit réelle ; a répondu que non, qu'elle avoit voulu ſe ſervir de cet artifice pour obtenir une ſomme.

Juſqu'ici, Meſſieurs, nous vous avons rapporté des traits & des aveux de la Dame Ogrumoff qui conſtatent juridiquement l'impoſture de ſes diſcours ; Nous allons d'après ces mêmes aveux vous la deférer maintenant comme coupable d'un acte même de faux. Nous tirons le fait de l'Interrogatoire du 20. Janvier. Elle y a déclaré pag. 9. que le Général Komarzewſki lui ayant promis 1000. ducats en lettres de change, 500. ducats de penſion & une terre, à condition qu'elle lui feroit voir, même de loin, une lettre du Prince Général à M. Tyzenhauz ; elle réſolut de tenter l'avanture. Dans cette vue, elle pria le Sr. Taylor (en lui confiant ſon projet) de lui procurer une lettre du Prince Czartoryſki, n'importe à qui elle ſeroit adreſſée. Taylor lui en confia une ; & après qu'ils y eurent effacé quelques lignes qui pouvoient trahir l'artifice, elle fit venir M. Komarzewſki & mit tout en œuvre pour le faire donner dans le panneau & tirer de lui la lettre de change. Le succès ne couronna pas la rufe; mais enfin par le fait même & de fon aveu, cette femme fe trouva coupable & convaincue d'un acte de faux; elle eft donc fauffaire aux termes de la loi, & par là exclue du témoignage.

La loi veut qu'on obferve fi un témoin eft dans le befoin, & dans ce cas, elle le foupçonne de pouvoir être féduit par l'appas du gain. Toutes les dépofitions confirmées par les aveux de la Dame Ogrumoff vous l'ont préfentée, Meffieurs, comme accablée de befoins & de dettes, & oppofant fans ceffe l'intrigue à la mifère. Depuis long-tems, les profits de la débauche diminuoient pour elle; avant le voyage de Grodno ils avoient même été fupprimés tout à fait; l'âge, le décri public, tout éloignoit d'elle les amateurs du plaifir: confacrée dès fa jeuneffe à un feul genre d'induftrie, elle étoit fans talens honnêtes pour y fuppléer. Ses créanciers la tourmentoient. Taylor, Taylor même fon confident & fon complice vouloit être remboursé de fes avances. Dans cette fituation trop avérée, elle eft d'autant plus fufpecte à la loi, qu'accoutumée à l'infouciance & à la prodigalité de ceux qui vivent aux dépens des dupes, les privations doivent lui être plus cruelles. Non feulement elle lui eft fufpecte, il y a plus,

Messieurs, elle est atteinte & convaincue de corruption. Vous avez sous les yeux la preuve qu'elle a reçu 500. ducats de la partie adverse depuis que le procès est commencé. Jugez, Messieurs, s'il vous est permis de l'écouter.

La loi exclut les délateurs du droit de témoigner; la Dame Ogrumoff joue ce rôle dans cette affaire, elle ne peut donc être admise au témoignage.

Enfin elle s'est déclarée ennemie de M. Ryx; le fait est prouvé aux interrogatoires. Vous l'avez entendue, Messieurs, se plaindre amérement de ses torts, de ses mépris, & de l'abandon où il l'a laissée. Vous avez lû dans l'interrogatoire du 20 Janvier ce mot qui lui échappe " il m'a bien fait souffrir, aussi m'en „ suis-je bien vengée „. Vous avez eu sous vos yeux un témoin, le Sr. Brau, déposant lui avoir entendu dire. " Si j'allois encore „ chez Ryx, ce seroit pour lui donner un coup „ de pistolet— Aussi il se souviendra de moi „ longtems. „— L'inimitié est donc attestée & l'exclusion du témoignage en est la conséquence.

Nous venons, Messieurs, de vous déférer la Dame Ogrumoff comme infâme, faussaire, subornée, délatrice & ennemie. Oserez-vous lui confier les droits & les intérêts de la vérité? Oserez-vous la faire parler quand les loix lui ordonnent de se taire?

Le second témoin de la partie adverse est M. le Comte Stanilas Potocki. Nous foufcrivons volontiers à tout ce qui a été dit en fa faveur. Mais, Meffieurs, quel eft le mérite devant lequel les loix feront forcées de garder le filence ? Quel eft l'homme qui ofera réclamer en fa faveur des exceptions qu'elles n'ont point faites ? M. Stanislas Potocki eft ennemi de l'accufé ; il eft ami de l'accufateur ; la loi l'exclut fans retour du témoignage.

La qualité d'ennemi de l'accufé eft préfumée par la loi du procès actuellement commencé, dans lequel M. Ryx demande raifon à M. Stanislas Potocki d'un tort & d'une injure qu'il en a reçu ; cette injure eft grave ; c'eft un acte de la violence la plus caractérifée, commis en fa perfonne par le Sr. Taylor, en complicité de M. Stanislas Potocki. Cette complicité eft prouvée ; le complice d'un fait, eft celui qui s'eft concerté avec le principal agent, qui l'a affifté dans l'exécution ; qui, par fes difcours & fes actions, fon gefte & fa contenance a donné lieu de préfumer qu'il partagerait l'intention & les vues dudit agent. Telle eft la définition du mot complice. Ces circonftances fe rencontrent dans le fait mis à la charge de M. Stanislas Potocki ; il n'y en a pas une feule qui ne s'y faffe remarquer. Il eft prouvé aux informations,

tions, que M. Potocki a concerté l'appoſte-
ment avec le Sr. Taylor, qu'ils en ont com-
biné enſemble toutes les meſures; ils ont été
l'un & l'autre chez la Dame Ogrumoff la veille
de l'enlévement; ils y ſont venus enſemble le
jour même; M. Potocki étoit armé de piſto-
lets comme le Sr. Taylor; ſi M. Potocki n'a
pas agi immédiatement contre M. Ryx, c'eſt
que celui-ci n'a fait aucune réſiſtance; s'il y
avoit eu de la réſiſtance, il y auroit eu du
ſecours; il étoit là pour cela; il en avoit l'intention, elle eſt préſumée de la préſence actuelle des armes offenſives dont il étoit pourvû; enfin, Meſſieurs, on lit dans une rélation authentique envoyée à l'étranger par la
partie adverſe ces mots: " Après cet en-
,, tretien, M. Potocki enfonça la porte, dé-
,, clarant, ainſi que le Sr. Taylor, les avoir
,, ſurpris, & après les plus vifs reproches ſur
,, leur complot odieux, il remit le Sr. Ryx
,, au négociant & ſe ſaiſit de cette femme. ,,
    Qui doutera après cela, Meſſieurs, que
M. Potocki ne ſoit bien & duement convaincu d'être complice de la violence commiſe en
la perſonne de M. Ryx. La complicité conſtatée, que demande la loi? elle dit: " Nous
,, ordonnons que dans les affaires criminelles
,, il ſoit informé contre les complices de la
,, même manière que contre les acteurs prin-
,, cipaux; & ſi par l'inquiſition on découvre
,, la complicité délibérée, le complice doit

F

„ être puni comme le principal. 1588. *Tit:*
„ des Comp: *fol.* 1217.

Tel eſt l'objet du procès commencé &
exiſtant entre M. Ryx & M. Potocki; telle
eſt la loi ſur laquelle le premier s'appuye
pour demander une réparation ſolemnelle de
ſon injure & de la violation de la loi de ſûreté. Cette réparation néceſſaire & à laquelle
M. Potocki ne peut échapper, lui donne un
grand intérêt à faire ſuccomber M. Ryx dans
l'accuſation intentée contre lui, puiſque s'il
ſuccombe, M. Potocki eſt à l'abri de la pourſuite pour le fait qui l'inculpe; ſa qualité
d'ennemi eſt donc bien & ſuffiſamment éta-
blie, & en conſéquence ſon témoignage doit
être rejetté.

Nous ſavons, Meſſieurs, qu'on a voulu
écarter l'inculpation de M. Potocki & de ſon
complice en diſant que la loi permet d'arrêter les coupables pris en flagrant délit, *in re-
centi crimine.* On a appliqué cette loi au cas
dont-il s'agit, & on a dit: " Le crime mis
„ à la charge de M. Ryx, n'eſt pas un fait,
„ c'eſt un mot qui a prouvé de ſa part une
„ volonté maligne; ce mot ayant été dit en
„ préſence de M. Potocki & Taylor étoit un
„ crime récent; ils avoient donc le droit d'ar-
„ rêter. „ Tel eſt le raiſonnement de la partie adverſe; il a été dit, il a été écrit. C'eſt
ainſi que pour étayer une cauſe vicieuſe dans
le fond, on eſt obligé de confondre toutes les

idées & tous les rapports des chofes. Nous
vous le demandons, Meffieurs ; penfez-vous
que ce foit ici le cas du flagrant délit? Nous
vous avons prouvé par des argumens plus clairs
que la lumière du jour ; (pour me fervir des
termes de la loi) que ces mots dont on veut
faire un crime font réellement innocens ; mille
cas femblables fe font rencontrés & fe rencontrent tous les jours ; il ne faudroit donc
qu'une équivoque, un méfentendu, une étour-
derie de deux auditeurs pour prendre un mot
innocent pour un crime, & la loi leur auroit
donné le droit de traîner dans les cachots le
malheureux qui l'auroit prononcé. Non, non,
Meffieurs, les loix connoiffent l'homme, fes
emportemens, fes folles erreurs ; elle ne lui
accorderent jamais cette autorité dangéreufe
& tirannique. Sans doute un homme peut-
être arrêté à la clameur publique, mais dans
quel cas? lorfqu'il y a un corps de délit &
qu'elle l'en nomme l'auteur. Un homme eft
tué dans une émeute ; mille voix s'élèvent &
nomment l'affaffin ; on le faifit ; la loi le permet ; la loi l'ordonne. Ici le délit eft flagrant,
récent, certain, indubitable ; il ne faut nul
examen pour le conftater. Dans le cas où
c'eft un mot à qui on donne les qualités de
crime, il refte encore mille chofes à examiner pour le conftater ; les antécédens, les con-
féquents, le ton, le gefte, les faits qui l'ont
accompagné. Tout doit être péfé ; la loi ré-

F ij

ferve ce foin au juge & n'a garde de l'abandonner au premier venu. MM. Potocki &
Taylor fe font donc conftitués juges du fens,
des mots qu'ils ont entendus, & en les quali-
fiant de crime de leur autorité privée; ils
ont pris fans le congé des loix, un droit qu'elles
ont réfervé à d'autres; ils les ont offenfé par
cette ufurpation, ainfi que par l'acte de violence qui en a été la fuite.

Nous venons de vous prouver, Meffieurs,
que le témoignage de M. Potocki doit être
rejetté, parce-qu'il eft préfumé celui d'un ennemi de M. Ryx, en tant qu'il y a entre eux
un commencement de procès; Nous vous avons
fait connoître ce procès & prouvé qu'il a un
objet grave; & pour vous en faire fentir les
conféquences pour M. Potocki, nous avons
conbattu ce qu'on dit à fa décharge; de manière que l'intérêt qu'il a à faire fuccomber
M. Ryx, demeurant entier & indubitable, ce
premier moyen de récufation conferve toute
fa force.

Paffons au fecond, M. Potocki ennemi
de l'accufé eft l'ami de l'accufateur.

La loi voit un ami de l'accufateur dans
la perfonne de celui qui a un intérêt naturel
& prochain à le faire triompher de fon adver-
faire; & cet intérêt réfulte pour M. Potocki
de fa rélation de parenté. Il eft l'époux de
la nièce de l'accufateur; celui-ci engagé dans
un procès criminel doit prouver les faits mis

à la charge de l'accusé ; au défaut de quoi,
il succombe & demeure exposé à toute la rigueur des peines réservées à l'accusation calomnieuse, ou téméraire. Ces peines sont
graves, elles flétrissent quelquefois & ne manquent jamais d'ordonner des dédommagemens
ruineux pour la fortune de l'accusateur. M.
Stanislas Potocki voit ces conséquences immi-
nentes & les contre-coups portent sur lui.
L'époux de la nièce aura sa part de l'affront
de l'oncle. La perte des biens de celui-ci ne
lui est point étrangère ; dans un cas donné ses
enfans doivent succéder à l'accusateur. En faut-
il d'avantage pour être suspect aux yeux de la
loi & exclu par elle du droit de témoigner ?

Nous avons entendu citer la loi de 1576.
en preuve de ce que nos usages admettent
dans les affaires criminelles les parens au témoignage.

Quoi donc, Messieurs, nos ancêtres é-
toient il des barbares à qui les plus simples
notions des convenances & des rapports des
choses avoient échappé ? Ils n'avoient donc
pas assez de sens pour prévoir qu'en admettant
au témoignage des personnes qui toujours ont
un grand intérêt à déguiser la vérité, ils pré-
noient en l'homme une confiance imprudente
& dangéreuse, & lui tendoient un piége qui
le menoit au parjure. A Dieu ne plaise que
cette tache demeure sur nous & sur nos pères.
Non, Messieurs, la loi qui les eut inculpés

n'exiſte point. Nos pères n'ont point failli.
Voici la loi qu'ils ont faite.

    " Suivant l'antique uſage, les proches
„ parens de celui qui a une cauſe dans les Ju-
„ gemens terreſtres, ſavoir l'oncle &c. &c. ne
„ doivent pas être admis comme témoins ou
„ répondans ; mais il produira comme tel un
„ gentilhomme des terres & diſtricts du Pa-
„ latinat de Mazovie, quoi qu'il ait encore
„ ſes Pères & Mères ; qui ſera d'une bonne
„ réputation & d'une probité non ſuſpecte.
„ Cependant lorſqu'il ſera queſtion de *l'honné-*
„ *teté*, les parens de ſang & d'alliance & ceux
„ qui portent les mêmes armes, peuvent être
„ témoins, & les médiateurs & *arbitres*, quoi-
„ que parens, peuvent auſſi être témoins,
„ parce que les parens ont coutume de ſe
„ charger de tels emplois. „ (*Ann:* 1576,
pag: 934.)

    La partie adverſe ſe ſaiſit de cette loi
& ſe l'applique. La cauſe dont il s'agit,
dit-elle, eſt une cauſe qui intéreſſe l'honnêteté des mœurs, puiſqu'il s'agit de ſavoir ſi
le Prince Czartoryſki eſt auteur d'une accuſation juſte ou calomnieuſe. Les parens de
ſang ou par alliance ſont donc appellés à y
témoigner. A cela nous répondons que le mot
honnêteté n'eſt point pris ici dans le ſens que
lui donne la partie adverſe, & que l'abſurdité
eſt dans l'interprétation & non dans la loi.
Le mot *honnêteté* s'applique dans cette occa-

fion à la naiſſance — La loi veut dire — *Lorſqu'il s'agira de prouver qu'on eſt de naiſſance honnéte, c'eſt-à-dire gentilhomme, les parens pourront témoigner.* C'eſt donc d'une queſtion d'état & non de mœurs que la loi a entendu ici parler. Et en effet, ce qui feroit abſurde dans un procès criminel, où il s'agit de ſavoir ſi un homme périra dans l'infamie & où les parens ont un ſi grand intérêt à ſauver l'accuſé, ne l'eſt point dans un procès d'état, où les parens ſont intéreſſés dans un ſens contraire, puiſqu'ils le font à éloigner de la famille & de l'héritage celui qui les appelle au témoignage. Voilà les fondemens de la confiance de la loi dans ce dernier cas & celui de ſes ſcrupules dans le premier. Mais ceci s'expliquera encore mieux par la loi (*de nobilitate inculpatâ*) elle porte que: " Si quelqu'un ſe dit noble & il-
„ luſtre & que les autres nobles lui refuſent
„ cette qualité, & que néanmoins il affirme
„ pouvoir prouver la nobleſſe de ſa généalo-
„ gie, il doit produire ſix témoins d'âge com-
„ pétant & nobles; deux de ſa famille; &
„ ces deux étant aſſérmentés doivent déclarer
„ qu'il eſt leur frère né de leur race & fa-
„ mille paternelle &c. &c. „

Une autre loi de 1633. *pag.* 806. porte:
" Et afin que perſonne n'oſe donner atteinte
„ à l'honneur des anciennes maiſons, nous ſta-
„ tuons, que ſi quelqu'un qui ne peut ſuffiſam-
„ ment prouver ſa propre nobleſſe, oſe atta-

„ quer celle d'un gentilhomme, fans preuves
„ & documens authentiques, & que celui ci
„ juftifie la fienne, non feulement par *le té-
„ moignage de fes parens fuivant la loi*, mais
„ encore par des actes de famille, l'aggreffeur
„ fubira la peine de mort. „

Voilà, Meffieurs, deux loix qui admettent le témoignage des parens dans les queftions d'état; il eft de la dernière évidence que
celle de 1576. a le même fens, & que par le
mot *honnêteté* qu'elle employe, elle a en vue
l'honnêteté de la naiffance & non celle des
mœurs.

Or, comme la queftion fur laquelle cet
augufte Tribunal doit prononcer, n'eft pas une
queftion d'état, mais qu'elle a pour objet la
punition d'une calomnie ou d'un crime, la loi
de 1576. n'eft applicable que dans fa première partie où elle exclut les parens du témoignage. C'eft donc bien à tort que la partie adverfe veut prouver par elle que vous
devez admettre comme témoin M. Stanislas
Potocki, puifque c'eft cette loi même, qui,
d'accord avec les loix de tous les peuples po-
licés, le recufe.

Le troifième témoin de l'accufateur eft
le Sr. Taylor. Nous lui oppofons quatre
moyens de récufation.

1mo. Il eft ennemi de l'accufé.
2do. Il eft ami de l'accufateur.

5tio. Il eſt corrompu.

4to. Il eſt convaincu du crime de faux.

1mo. Nous prouvons ſon inimitié contre l'accuſé par les mêmes moyens dont nous nous ſommes ſervis pour établir celle de M. Staniſlas Potocki; comme ce dernier, il a un procès commencé avec M. Ryx. Ce procès a un objet ſemblable & des conſéquences de même nature; — il y a même des circonſtances plus aggravantes contre lui; — il n'eſt pas le complice de la violence, il en eſt l'agent principal & immédiat. C'eſt lui qui a porté la main ſur M. Ryx, qui lui a préſenté le piſtolet ſur la poitrine; qui l'a ſaiſi au collet qui a déchiré ſa chemiſe en l'entraînant après lui; qui l'a conduit enſuite à travers les rues chez la Princeſſe Lubomirſka, & que la clameur publique a nommé comme l'auteur du ſcandale. Il réſulte, de tous ces faits réunis, une inculpation majeure contre lui, & la peine qui l'attend aura un plus grand dégré de ſévérité. Il a donc un très grand intérêt à faire ſuccomber M. Ryx dans l'accuſation, parce qu'il évitera par là une pourſuite des plus dangereuſes; cet intérêt lui donne éminemment la qualité d'un ennemi & le repouſſe du témoignage.

2do. Son amitié & ſes préventions en faveur de l'accuſateur, ſont prouvées par ſon affectation même à l'appeller devant vous, Meſ fieurs *Mon Ami* le Prince Adam. Ce titre qu'il s'attribue & dans lequel fa vanité trouve fon compte le rend juftement fufpect. De quoi n'eft point capable un homme affecté de ces deux fentimens; fortifiés l'un par l'autre, ils exaltent la tête & donnent aux chimères de l'imagination & aux illufions de l'enthoufiafme, les droits & l'autorité de la raifon. Tel eft Taylor; tel il s'eft peint dans toute cette affaire; tel l'ont vu fes partifans, ceux même qui le deffendent d'une plus grande inculpation.

3tio. Taylor eft un témoin corrompu & fuborné. Nous ne vous dirons point, Meffieurs, la fomme qu'il a reçue, les préfens qui l'ont féduit; ces faits ne font que préfumés; mais il en eft qui font certains & qui font des moyens de corruption peut-être plus actifs & plus efficaces que l'argent qui ne fe donne qu'une fois & que les préfens qui ne peuvent fe multiplier au de là de certaines bornes; nous voulons parler des diftinctions, des éloges, de ces jouiffances de tous les jours, & de toutes les heures qui femblent ajouter fans ceffe aux droits de la reconnoiffance & la mefurer par la fomme des plaifirs. Ce font là les moyens de corruption que nous vous déférons, Meffieurs, & que notre partie adverfe a épuifés en faveur du Sr. Taylor. Logé chez Madame la Princeffe Maréchale Lubomirfka, on ne fait fous quel prétexte, tan-

dis qu'il a un domicile en ville ; promené dans
fes équipages ; traité avec des égards qu'il
ne doit qu'à l'opinion de la réalité du péril
qu'il a détourné ; devenu à ce titre, fociété
intime & partie de la famille, que de jouiffances pour fa vanité ! que de motifs d'un dévouement dont rien ne nous fait entrevoir
les bornes ! Jugez, Meffieurs , d'où le Sr. Taylor va defcendre fi l'accufateur fuccombe.
Bientôt il verra naître & s'accroître cette re-
ferve qui annonce que la préfence importune
& que le tems de la faveur eft paffé, il verra
la gêne & les froids procédés fuccéder aux
épanchements ; infenfiblement il fentira que
fa vue rappelle des fouvenirs fâcheux qu'on
voudroit écarter. La mefure des dégouts
remplie, il faudra retourner à fon comptoir,
vaquer à fes affaires dans la fimplicité & l'ob-
fcurité de fa condition primitive ; Taylor
aura fait un beau rêve dont il doit déjà prévoir la fin, à moins toutefois qu'il n'éta-
bliffe fes droits fur une bafe folide, le triomphe complet de l'accufateur.

Vous conviendrez, Meffieurs, que fous
ce point de vue encore, Taylor vous eft fufpect & fa dépofition feroit celle d'un témoin
fuborné & féduit.

4to. Taylor eft atteint du crime de faux
& le fait eft prouvé au procès. Il a fu de la
Dame Ogrumoff, que M. Komarzewfki devoit
lui donner une récompenfe dans le cas où elle

lui feroit voir une lettre du Prince Adam Czartoryſki, à M. Tyzenhauz; Taylor s'eſt chargé de lui en procurer une & tint parole. La femme prétend que la lettre étoit réellement du Prince & qu'elle étoit adreſſée à Taylor; celui-ci par ménagement ſans doute, nie que la lettre ſoit réelle, mais, il déclare qu'il l'a compoſée & datée de Pulaw. Comme le Général Komarzewſki l'a reconnue pour être de la main du Prince, il faut que Taylor ait l'heureux talent d'imiter les ſignatures & les écritures. Taylor veut motiver la falſification de ce faux titre en diſant qu'il a voulu ſe ſervir de cet artifice pour éclaircir quelques doutes qu'il avoit conçus des vues de ces Meſſieurs contre le Prince Czartoryſki. Qui ne voit le néant de cette excuſe & que tous les crimes de faux pourroient ſe juſtifier par ce beau prétexte ? „ J'ai voulu voir quel effet „ ce faux titre produiroit, „ Il eſt de la plus haute évidence, que le vrai de tout cela eſt, que Taylor étoit purement & ſimplement complice de la friponnerie, devoit en partager les fruits, & qu'il eſt bien & dûment convaincu par ſon aveu du crime de faux; il eſt donc incapable de témoigner.

Nous venons, Meſſieurs, de prouver que la Dame Ogrumoff, M. Stanislas Potocki & le Sr. Taylor ne pouvoient ſervir de témoins & nous avons uſé contre chacun d'eux des mo-

yens d'exclufion qui leur étoient particuliers
& propres ; il nous refte à vous en préfenter
un qui leur eft commun à tous les trois ; c'eft
qu'ils font devenus parties dans le procès criminel par l'accufation intentée contre eux par
M. Ryx : accufation qui les charge de lui a-
voir par des mefures communes, & traitreufe-
ment tendu un piège ; & fous prétexte d'une
inculpation calomnieufe, dont-ils fe font rendu les dénonciateurs, d'avoir exercé en fa perfonne une violence atroce. Ces trois perfonnes étant devenues fur un fondement légitime
& par les faits même partie du procès avec
M. Ryx, ils ne peuvent en même tems y fi-
gurer comme témoins ; car ils dépoferoient
alors dans les chofes mêmes qui les inculpent.

On objecte à M. Ryx que ce moyen de
récufation n'eft pas légitime, puifqu'il eft une
récrimination. On répond que la partie adverfe abufe encore ici des termes. On appelle recriminer, accufer fon accufateur. L'accufateur de M. Ryx, celui qui a pris cette qualité & qui eft connu pour tel, eft le Prince
Adam Czartoryfki ; M. Ryx fe tient vis-à-vis
de lui dans les termes de la deffenfive ; il ne
l'accufe ni du même crime, ni d'un autre ; il
ne récrimine point. M. Ryx a inculpé Mde
Ogrumoff M. Potocki & Taylor, mais ceux-ci
ne font point fes accufateurs & fon action juridique n'a rien qui lui donne le caractère d'u-
ne récrimination. Le lendemain de la violen-

ce qui lui a été faite, M. Ryx lézé dans ses droits de citoyen par un fait public, a rendu sa plainte & donné sa citation; il ignoroit alors que ce seroit là les trois témoins que le Prince Czartoryski comptoit faire entendre à sa charge & ne songeoit qu'à obtenir la juste réparation qui lui étoit due & non à les écarter d'un témoignage dont-il n'étoit pas encore question. Si sa citation a eû cet effet nécessaire d'amener ces personnes en procès & de les rendre inhabiles à témoigner; est-ce à M. Ryx, qui agit en cela en vertu des droits d'une deffense légitime, à qui il faut s'en prendre? C'étoit la conséquence nécessaire de la conduite de M. Potocki & de M. Taylor. Pourquoi l'accusateur ne leur a-t-il pas donné de meilleures instructions? pourquoi, en leur prescrivant une conduite mesurée & prudente, ne les a-t-il pas mis à l'abri de l'inculpation d'aggresseurs qu'ils ont justement & légitimement encourue?

Le moyen de récusation des trois témoins tiré de ce qu'ils sont devenus partie dans le procès criminel, & la légalité de la procédure qui les à constitués tels, sont l'un & l'autre fondés sur des raisons que nulle objection solide ne peut affoiblir.

La partie adverse établit sa preuve testimoniale par trois derniers moyens qui nous restent à examiner. Le premier moyen est que tout complot contre la vie d'un gentilhomme polonois, & à plus forte raiſon contre la vie d'un Grand, du rang du Prince Czartoryſki, eſt un crime de lèze-majeſté.

Le ſecond, que l'empoiſonnement eſt du genre des crimes atroces & privilégiés. En conſéquence elle réclame le bénéfice des loix, qui dans cette eſpèce & dans la précédente, admettent toutes ſortes de perſonnes au témoignage & même les inhabiles.

Le troiſième moyen eſt que les témoins qu'elle produit, ſont du genre de ceux que les Jurisconſultes appellent *néceſſaires*.

Nous ne ſuivrons pas la partie adverſe dans ſes efforts ingénieux pour établir le premier de ces moyens; nous laiſſerons ſes argumens plus ſpécieux que ſolides pour combattre ſes autorités. Elle cite en ſa faveur la loi du code (ad legem Juliam) dans laquelle les Grands & les Illuſtres ſont aſſociés par l'Empereur à la loi de Majeſté; „ Car, dit-il, „ ils ſont partie de notre corps. „ *Nam & ipſi pars corporis noſtri ſunt.* L'auteur de l'Eſprit des Loix obſerve que c'eſt ſur l'autorité de celle-ci, que le Rapporteur de M. de Cinqmars ſe fonda pour prouver qu'il étoit coupable du crime de lèze Majeſté, pour avoir voulu chaſſer le Cardinal de Richelieu. „ Quand „ la ſervitude elle-même viendroit ſur la ter„ re, ajoute M. de Monteſquieu, elle ne par„ leroit pas autrement. „ (l'Eſp: des Loix Tom I. Liv: XII. Chap: VIII.) Il eſt aſſez

fingulier, que les orateurs qui ont parlé pour
le Cardinal de Richelieu & pour le Prince
Czartoryfki, l'un & l'autre accufateurs, ayent
eu recours à la même loi pour s'affranchir du
joug des formes, & faire plus fûrement fuccomber léurs ennemis. Nous efpérons, Meffieurs, que Polonois & libres, le code du defpotifme fera vainement invoqué devant vous;
Vous vous rappellerez, que s'il eft aujourd'hui
admis dans une caufe, demain il faudra le re-
fpecter dans une autre ; infenfiblement les Tri-
bunaux n'auront plus d'autre occupation que celle de fervir les vengeances des Grands & deleur
immoler chaque victime qu'ils défigneront ; Si
tout temoin eft habile à témoigner pour eux;
fi tout indice devient preuve fuffifante quand
ils fe plaignent ; S'ils font affranchis des formes qui font la fûreté du citoyen, il n'y a plus
pour nous de patrie ; la Conftitution eft ren-
verfée, l'affreux defpotifme des ariftocraties
va nous écrafer.

Mais pourquoi vous allarmer fur les conféquences de ce paradoxe ; la loi ne les a-t-el-
les pas prévues & ne s'eft-elle pas occupée à
les prévenir ? *A la requifition des Nonces de
nos terres, nous voulons, dit-elle, que le crime de
Lèze-Majefté ne puiffe avoir lieu, qu'en tant qu'il
regarde notre perfonne & qu'il ne puiffe s'étendre
à d'autres quoiqu'elles fuffent pourvues d'emplois
publics &c. &c.* Ann: 1539. fol: 550. Et fous
l'Année 1588. fol: 1207. elle dit: *S'il arrive
quel-*

quelque cauſe entre nous, nos ſucceſſeurs & quelqu'un de nos ſujets, né Gentilhomme, à raiſon du
crime de lèze-Majeſté, qui s'étend ſeulement ſur la
perſonne du Roi ſuivant la loi &c. Ces deux
textes laiſſent-ils la moindre priſe au doute ou
à l'équivoque, & n'eſt-ce pas abuſer des autorités étrangères que de vouloir mettre à la
place de la loi nationale, une loi portée dans
le palais des Empereurs & pour l'intérêt du
deſpotiſme?

Déchu des privilèges du crime de lé-
ze-Majeſté, la partie adverſe ramène l'objet de
ſon accuſation à l'eſpèce des crimes, dont l'a-
trocité eſt telle, que la loi tient *les plus légè-*
res conjectures comme ſuffiſantes pour la conviction
de l'accuſé & dans laquelle il eſt permis au Juge de
tranſgreſſer les formes.

Ici, Meſſieurs, nous avons trois obſervations principales à vous préſenter.

La première eſt, que les criminaliſtes
qui ont admis la maxime. " In atrociſſimis
„ leviores conjecturæ ſufficiunt & licet judici
„ jura tranſgredi. „ Ont appliqué le ſens du
mot atrociſſime, aux crimes publics, dont le
but eſt le bouleverſement de la conſtitution,
ou la mort du Souverain; & non aux crimes
particuliers qui n'ont pour fin que la deſtru-
ction d'un particulier; ils deſignent cette
eſpèce par un autre dégré, *atrociores.* Or,
nous venons de prouver que le crime, dont-il
s'agit ici, n'eſt point un crime public; la

maxime *in atrociffimis* ne le concerne donc
pas.

Nous avons à lui oppofer des autorités
qui, étant plus nombreufes & plus conformes
à l'équité naturelle, font auffi d'un plus grand
poids. " Et quia quo gravius ex crimine re-
„ dundans præjudicium eft *eo fortior probatio*
„ *requiritur,* evidenter patet quod inhabiles ne
„ quidem in *atrocioribus* reum perfectæ con-
„ vincant,, (Boeh: Lect: I. C: XI. §. CC.

Et parceque plus la peine attachée au crime
eft grande, & plus les preuves doivent étre com-
plettes; il paroît évidemment delà que les témoins
inhabiles ne peuvent, même dans les crimes très-à-
troces concourir à une conviction fuffifante du cou-
pable.

" Quo gravior pæna imminet eo fortio.
„ rem probationem defiderari. Aut: caut: crim:
„ dub: 37. Goth: vol: I. refolu: 29. &c. &c. ,,

Plus la peine qui attend le coupable eft gran-
de, & plus forte doit étre la preuve. Ces autorités, auxquelles nous pourrions ajouter
celle des interprêtes les plus accredités, ne
font-elles pas bien fupérieures, & par leur
équité, bien plus concluantes que celle de la
maxime *in atrociffimis*, qui eft abfurde dès qu'on
détourne le fens qui l'applique aux crimes
d'état, pour la faire fervir de régle dans les
crimes particuliers?

5tio. C'eft une obfervation conftante, que
jamais accufation légère ne fut intentée de-

vant un Tribunal, fans que l'accufateur n'ait cherché à s'étayer de la maxime *in atrociffimis*. Il commençoit par établir que le crime, qui étoit l'objet de l'accufation, étoit des plus atroces; ce qu'il faifoit aifément à la faveur de quelque amplification de Rhétorique; après quoi il faifoit intervenir la maxime, & concluoit à ce qu'on le difpenfât des formes & des gênes de la probation légale. La commodité & le danger de cette méthode l'ont décriée, & de nos jours il n'eft plus permis de s'en fervir fi on ne veut rendre fa caufe fufpecte.

Enfin, Meffieurs, le troifième & dernier moyen que notre partie adverfe a fait entendre pour établir la fuffifance de fes témoins, c'eft qu'ils étoient de la nature de ceux que dans les crimes fecrets la loi appellent *néceffaires & qu'elle écoute*.

On appelle témoins néceffaires ceux qui font admis en certains cas, parceque le fait qu'il faut établir eft de telle nature, que l'on ne peut pas avoir d'autres témoins. Ainfi, les domeftiques, dont le témoignage eft récufable dans toutes les affaires de leurs maîtres, deviennent témoins néceffaires lorfqu'il s'agit d'un fait paffé dans l'intérieur de la maifon; parcequ'eux feuls font à portée d'en avoir connoiffance; comme quand il s'agit de faits de févices & de mauvais traitemens du mari

envers fa femme, d'adultére, &c. &c. *vid:*
leg: cod: tit: de Repud: & celle *de teſt:*

Comment la Partie adverſe prouvera t-elle que M. Stanislas Potocki, Taylor & la
Ogrumoff ſont des témoins néceſſaires? Quant
à la Ogrumoff, on ne rappellera ici de tous
les motifs de ſa récuſation qu'un ſeul; elle
eſt délatrice, & cette qualité l'exclut. Si elle n'avoit pas été telle & que par hazard elle ſe fut trouvée inſtruite du complot, dans ce
cas, quoi qu'infâme & récuſée d'ailleurs par
la loi, elle eut peut-être pu témoigner, quoique ſous certaine réſerve; mais le moyen de
récuſation qui ſe tire de la qualité de délateur,
eſt ſi tranchant, qu'il n'admet aucun cas de
néceſſité & aucune exception quelconque.

Comment prouvera-t-on en faveur de M.
Potocki & de Taylor qu'ils ſont des témoins néceſſaires? Ils étoient ſi peu néceſſaires, qu'il
n'eut tenu qu'au Prince d'en choiſir d'autres.
Vous vous ſouviendrez, Meſſieurs, qu'ils ont
été deſtinés dès le 14. à la fonction qu'ils ont
remplie le 16. Ce n'eſt point le hazard, c'eſt
une volonté bien caractériſée qui les a déſignés
comme témoins. Sans doute l'accuſateur voulant ſe ménager des moyens de probation légale, eut du faire un choix moins ſujet au re-
-proche, & ſurtout, ne point permettre que
ces Meſſieurs fuſſent armés & ſe donnaſſent,
par une démarche violente, la qualité d'ennemi de l'accuſé. Rien n'eut été plus aiſé que

de prévenir tous ces inconvéniens; il ne l'a point fait; il a été imprudent à fes périls & rifques. Ni les témoins, ni la conduite qu'ils nt tenue n'étoient *neceffaires*.

Récapitulons maintenant ce que nous avons dit au fujet de l'accufation intentée par le Prince Czartoryfki contre MM. Komarzewfki & Ryx.

1mo. Nous avons oppofé les faits aux faits, l'hiftoire à la fable.

2do. Nous avons examiné les titres & les indices fur lefquels la Partie adverfe à fondé fes démarches & nous les avons trouvés infuffifans & légers.

3tio. Nous avons confidéré fa preuve teftimoniale fous deux rapports; *1mo*. relativement aux chofes. *2do*. relativement aux perfonnes.

Sous le premier de ces rapports nous avons obfervé, que ce qu'on fait dire & dépofer par les témoins ne prouve point ce qu'on veut lui faire prouver, la réalité du complot.

Sous le fecond de ces rapports nous avons démontré par les autorités les plus inconteftables; *1mo*. que toutes les loix étrangères & nationales écartoient du témoignage M. Potocki, Taylor & la Ogrumoff; *2do*. que les moyens employés par la partie adverfe pour les y faire admettre, étoient fondés fur des équivoques & de vaines interprétations des loix & des autorités.

Il résulte delà que l'accusation croule sur ses fondemens & s'anéantit. Maintenant, Messieurs, il nous reste à définir & à caractériser cette accusation, pour pouvoir déterminer le genre de réparation que les infortunés dont-elle a compromis l'honneur & la vie, ont le droit de reclamer.

La loi distingue trois sortes d'accusation; l'accusation calomnieuse qui a pour objet un fait, que l'accusateur a des raisons suffisantes de croire faux; l'accusation téméraire qui est accompagnée de bonne foi, mais intentee avec légéreté & sur des indices douteux; enfin l'accusation fondée sur une juste erreur; c'est-à-dire, sur une erreur telle qu'un homme sage & prudent n'a pas pu s'en garantir.

A la quelle de ces trois éspéces appartiendra l'accusation intentée contre MM. Komarzewski & Ryx, c'est ce qu'il faut examiner.

Dira-t-on, Messieurs, qu'elle appartient à la troisième éspéce? Mais comment persuadera-t-on qu'elle porte sur une erreur telle qu'un homme sage & prudent n'a pu s'en garantir? Tout ce qui précéde, a prouvé le contraire, & ce qui va suivre, lui donnera un nouveau degré dévidence.

Quand les hommes, dit Cicéron, *veulent donner la mort à leurs ennemis, c'est parcequ'ils les craignent ou qu'ils les haïssent.* „Homines, ini„micos suos morte affici volunt vel quod metu-

„ unt vel quod oderunt. „ (*or: pro: cluem: avit:*)

L'erreur de l'accufateur ne feroit donc jufte qu'autant que MM. Komarzewfki & Ryx auroient eu des motifs de crainte ou de haîne contre lui ; Or nul motif de cette efpéce n'éxiftoit, ce qu'on peut prouver fans réplique. Ces Meffieurs n'avoient aucune raifon qui leur fut propre & perfonnelle de craindre ou de hair le Prince Czartoryfki. C'eft à celui qui veut établir l'affertion contraire, à la juftifier par des faits & nous ofons l'en défier. M. Komarzewfki en appelle à une fuite de quinze années de procédés publics, refpeƈeux & jamais démentis, tendant à lui concilier la bienveillance du Prince ; il en appelle aux témoignages d'eftime qu'il a reçus de ce même Prince & qui ont fans ceffe été le prix & la preuve des foins qu'il fe donnoit pour lui plaire. Que celui qui voudroit en douter, marque l'époque & défigne les motifs qui ont pu altérer ces difpofitions réciproques?

M. Ryx ofe demander quels font les rapports qui ont jamais pu exifter entre le Prince & lui, & defquels il auroit pu réfulter pour lui des motifs de crainte ou de haîne? Quelqu'accredité que fut le Prince, il n'en avoit rien à craindre ; & loin qu'aucun principe de haîne put germer au fond de fon cœur, il y en trouvoit au contraire de dévouëment & de reconnoiffance. M. Ryx fe fait un devoir de le déclarer ici, dans ce moment même où

le Prince follicite fon fupplice; il lui a
des obligations effentielles. Il a trouvé dans
fes bontés une reffource qu'un grand intérêt
a rendue infiniment précieufe; il a reçu en
prêt une fomme des plus confidérables, que le
Prince lui a confiée avec la plus grande gé-
nérofité & dont-il ne fait prefque que de s'ac-
quitter. Eft-ce dans de telles difpofitions &
le cœur plein d'un fervice réel, que M. Ryx
a pu méditer la mort du Prince? Quoi de
plus abfurde & de plus invraifemblable? Enfin M. Ryx dit encore avec M. Komarzewfki
" que celui qui veut rendre mes fentimens
„ pour le Prince douteux & fufpect, marque
„ l'époque & défigne les motifs qui auroient
„ pu leur donner ce caractère de malignité. „

Mais ces Meffieurs fans motifs, à la vérité, pour confpirer contre le Prince par des
vues propres & particulières, ne fe feroient-ils
point chargés des intérêts d'un tiers, n'auroient ils point agi par des impulfions étrangères ?

Il n'eft plus tems, Meffieurs, d'oppofer
le filence du mépris à ce foupçon atroce. La
calomnie a parlé, (a) il ne nous eft plus permis de nous taire. Ils exiftent ces monu-
mens de fes fureurs & de fon délire où elle

____

(a) Les deux Libelles portant pour titre: premier &
fecond Eclairciffement réel de la caufe du Prince Czartoryfki.

a ofé publier que Meffieurs Komarzewfki &
Ryx n'étoient que les vils inftrumens de la
tirannie & des crimes d'autrui; mais, Meffieurs, la tirannie elle même ne commet point
de crime gratuit, & lorfqu'une victime tombe
fous fes coups, elle eft immolée à fon ambi-
tion ou à fes vengeances.

Si dans les affaires publiques, le Prince
Czartoryfki eut été un de ces hypocrites fâcheux, qui fous prétexte de deffendre la caufe de la liberté & des loix, tourmentent les
confeils de la nation de leur vaine & importune éloquence; fi dans chaque délibération,
on l'eut vu prendre non le parti le plus utile,
mais celui où il eft le plus aifé de briller &
de fe faire remarquer; fi, toujours négatif,
toujours faifi du rôle facile de détruire fans
rien élever, il s'étoit engagé dans la carrière
& dans les mefures de la fourbe tribunitienne,
& confacré aux foins de calomnier le chef de
la nation & fes vues, alors, fans doute, fup-
pofés une cour impatiente & cruelle, le crime
auroit, fi non fon excufe, du moins fes motifs. Mais qui reconnoîtra à ces traits & la
Cour & le Prince? Laiffons à vingt années
de règne, que la douceur, la modération & l'oubli des offenfes ont caractérifé, à deffendre la
première, & quant au Prince, un coup d'œil ra-
pide jeté fur fa pofition, nous prouvera combien les traits que nous venons de tracer, lui
font étrangers.

Sa carrière politique que les malheurs des tems ont fait trop-tôt finir, a été semée de succès qu'il a du à des vertus douces & faciles, à cet esprit de conciliation & de paix, à cette attention & à cet heureux don de plaire qui donnent l'influence & l'autorité, & par leurs charmes séducteurs, font trouver des amis dans les rivaux. Aujourd'hui, éloigné par les circonstances, & non écarté des affaires, il a pris des engagemens qui nous séparent de lui; il a déjà d'autres intérêts & une autre Patrie. Quel motif auroit pu dicter son arrêt-de mort? Helas, elle n'eut fait de vuide que sur des tableaux étrangers; elle n'eut été parmi nous que la matière de nos regrets, & nul n'y eut trouvé celle de quelque avantage, ou de quelque espérance. Nous aurions donc vu, Messieurs, ce phénoméne étrange, une Cour méditant son premier crime gratuitement & fans le moindre interêt. De tels événemens feroient abfurdes dans l'ordre moral; ils répugnent à la nature des chofes & de l'homme; ils font impoffibles.

Sans motif qui leur fut propre, MM. Komarzewíki & Ryx n'en ont donc pas eu d'étrangers; l'opinion qui les a cru capable d'avoir complotté la mort du Prince Czartoryíki eft infoutenable, & l'erreur qui en eft réfultée, n'eft ni jufte, ni telle qu'un peu de réfléxion n'en eut pu garantir.

L'accufation intentée contre ces Meffieurs n'étant donc point fondée fur une jufte
erreur, elle doit vous être déférée, Meffieurs,
comme téméraire ou calomnieufe. A Dieu
ne plaife que nous voulions dire ou penfer,
que dans fon origine, le parti accufateur ait
eu les moindres doutes fur la réalité du complot ; nous fommes perfuadés qu'il a été trompé par les apparences, & que le foin d'une
jufte déffenfe lui a feul dicté fes premières
démarches. Mais ces démarches ont-elles
toujours été exemptes de témérité & de précipitation ? C'eft à vous qu'il appartient de le
décider. Il y a plus, Meffieurs, il eft un inftant dans la procédure où l'accufation jufqu'a-
lors téméraire, va s'unir par une nuance in-
fenfible à l'accufation calomnieufe ; c'eft celui
où les inquifitions & les informations com-
mençant à éclairer les parties, les illufions
doivent fe diffiper, les doutes & les fcrupules s'élever dans l'efprit, & où les dégres
de probabilité font tels qu'il faut ou fe re-
tracter de fon accufation, ou feindre en la
pourfuivant, une conviction démentie au fond
de fon cœur. C'eft à vous encore, Meffieurs,
à qui il appartient de décider, fi par le progrès des lumières répandues fur la procédure,
l'accufation intentée contre MM. Komarzewfki & Ryx, téméraire jufqu'à ce moment,
n'eft point prête à tomber dans la derniere
efpèce.

Quoiqu'il en foit, vous allez, Meffieurs, faire triompher d'une manière éclatante l'innocence opprimée & lui affigner des réparations, telles qu'elle a le droit d'en attendre de votre équité & de votre juftice. Et c'eft à quoi nous concluons.

NB. A la fuite du Plaidoyer ci-deffus, il eft intervenu un premier Décret du Tribunal, en date du 26. Février, par lequel M. Stanislas Potocki, Taylor & la Ogrumoff, ont été récufés comme témoins, & le Prince Czartoryfki à été fommé d'en préfenter d'autres à leur place ; à quoi le Prince n'ayant pu fatisfaire, il s'eft laiffé condamner en contumace.

PLAIDOYER
Pour M. KOMARZEWSKI,

Général Major employé,

Auprès de Sa Majesté' le Roy de Pologne.

De tous les spectacles qui passent sans cesse sur la scène du monde, il n'en est peut-être point de plus affligeant, que celui que nous avons aujourd'hui sous les yeux, parce-qu'il semble établir sans retour une vérité décourageante, le désespoir éternel des amis de l'ordre & de la Justice; je veux dire l'inutilité & l'impuissance de la vertu pour le bonheur.

Nous voyons ici le citoyen innocent, précipité par l'aveugle fortune dans la classe des plus insignes scélérats; comme le plus coupable d'entr'eux, il doit entendre d'une bouche ennemie l'atroce accusation, qui le flétrit; à peine a-t-elle été prononcée, qu'il est devenu l'objet des regards douteux & des vains discours de la foule oisive & maligne. Plusieurs mois se font déjà écoulés pendant lesquels elle a pu se livrer pour lui à toute

son audace; accablé sous les chaînes du préju-
gé, il se voit dans l'impuissance de la répri-
mer, & dans cet état d'anéantissement &
d'opprobre, il doit tenir pour une grace, tous
les outrages qu'elle dédaigne de lui faire.
C'est envain, qu'appuyé sur son innocence, fidèle dans le cours de sa vie entière aux dé-
voirs de la société & aux loix de la vertu,
il a compté sur une destinée tranquille; envain, par des longs & laborieux services rendus au Roi & à la Patrie, il s'est flatté de
s'être assuré des jours de repos & d'honneur;
la calomnie imprudente, ou maligne a lancé
son trait envénimé, & le voilà déchu de tous
ses droits au bonheur.

Sans doute à la fin d'une longue & affli-
geante procédure la vérité triomphera; le
tems fermera la playe; mais l'affreuse cica-
trice restera, & de noirs souvenirs se réveil-
leront sans cesse. Ombrageux, défiant, crain-
tif, le malheureux que sa destinée a trahi,
ne connoît plus ce doux repos de l'ame, qui
naît du sentiment de sa sûreté; il se voit
toûjours entouré de dangers; quel appui aura-
t-il désormais qui le rassure, si son innocence
n'a pu parer le coup qui l'accable?

Telle est la situation, dans laquelle une
accusation téméraire vient de jetter M. le Général Komarzewski; du fond du gouffre où il
est tombé, vous entendez MM. ce cri de son
désespoir: " *O vertu, tu n'est qu'un vain nom!* „

Chargés du foin de fa défenfe, nous ne
le diffimulons pas, le découragement eft prêt
à nous faifir, en penfant, que telle eft la bi-
fare déftinée qui nous eft confiée, que tous
les fuccès de notre miniftère fe borneront à
arracher l'innocence à un fupplice, pour la
conferver pour un autre; à la fouftraire à la
mort, pour la réferver à la trifteffe & à la
douleur. Car enfin MM. que donnerez vous
à l'accufé juftifié, qui le dédommage des maux
que la cruelle calomnie lui a fait?

Les Loix les plus faintes lui offrent la vie
& les biens de l'accufateur; il ne vous les demande pas; il vous demande les biens dont
il a joui jufqu'aujourd'hui; la paix de fa vie,
la confiance dans fa deftinée, dans fon innocence, dans les droits de la vertu. C'eft-là
les biens qu'il vous demande, qu'il a droit de
vous demander; pouvez-vous les lui donner?

Dans notre jufte indignation contre le
fort qui l'opprime, nous fommes tenté de dire
à l'accufé: " Puifque tout eft ici bas le jouet
,, du hazard, puifque la probité & la fageffe
,, ne font rien, puifque la fortune fait tout,
,, qu'une aveugle fatalité règle tout, préfide
,, à tout, abandonnez votre défenfe à leur in-
,, fluence irréfiftible; que leur caprice feul,
,, vous fauve ou vous perde à fon gré, tandis
,, que votre noble & dédaigneux filence prou-
,, vera, que vous méprifés également & la vie
,, & la mort, puifque ce n'eft pas la vertu qui
,, en difpofe. ,,

Tel feroit, Meffieurs, le confeil que nous prendrions pour nous même & que nous donnerions à notre partie, fi vous n'aviez à décider qu'entre ces deux alternatives, aujourd'hui indifférentes pour elle; vivre ou mourir. Mais la réflexion nous rappelle, que vos décrets flétriffent en même-tems qu'ils tuent; que celui que vous condamnez eft jugé indigne de vivre. — A cette idée l'orgueil de la vertu fe trouble & fe déconcerte; elle fent qu'il y a quelque chofe de pire que la mort, l'infamie; honteufe d'avoir pu un inftant s'abandonner elle même, fon courage fe ranime, & par de nobles efforts elle contraint la fortune de traiter avec elle, de lui céder les droits fur l'opinion publique, l'eftime de fes contemporains, les fuffrages de la poftérité; & elle lui laiffe difpofer du refte. C'eft ce combat, Meffieurs, de la vertu contre la fortune, que nous allons engager fous vos aufpices. Quelque foit l'événement qui doit le terminer, nous aurons élevé un monument durable à l'innocence; & fi elle n'obtient parmi nous qu'un triomphe imparfait, à l'aide de nos foins, elle trouvera du moins chez l'étranger des juges pour la venger, & chez la poftérité des amis pour la plaindre;

L E Prince Adam Czartoryfki, par une accufation commune, a chargé MM. Komarzewfki

&

& Ryx du crime d'affaffinat & d'empoifonnement. Il y a une circonftance digue d'attention dans la marche de cette affaire. M. Komarzewſki fe trouve à peine inculpé dans la
citation qui l'a ajourné devant cet augufte
tribunal ; tout le poid des charges portoit alors
contre M. Ryx. Cependant à l'audience, où
le Prince Czartoryſki articula l'accufation dans
les formes d'ufage, il dénonça M. Komarzewſki comme l'auteur principal du crime, & M.
Ryx n'y figura plus que comme complice.
Depuis cette époque la procédure paroît avoir
oublié M. Komarzewſki & fe dirige prefque
exclufivement contre M. Ryx. Cette variation, qui préfente des irrégularités juridiques, que nous vous déférons MM. peut avoir
eu plufieurs caufes, que nous nous difpenfons
d'énoncer en détail, nous bornant à indiquer celle, qui nous femble la plus prochaine ; c'eft
que dans une pourfuite où la précipitation &
la légéreté ont eu tant de part, il n'eft guère
poffible d'avoir des plans fixés & arrêtés ; on
prend au hazard différens biais, on effaye
différentes alternatives, on multiplie les fauffes attaques. Cette manœuvre équivoque de
l'accufateur, cette marche chancelante &
incertaine, annoncent le fentiment fecret d'une
inculpation hazardée, qui ne peut fe foute-
nir qu'à force d'art. Il eft tems MM. d'en venir au dévelopement des preuves de cette
conféquence, qu'une première obfervation vous

fait preſſentir. Rien de plus caractériſé, que la témérité de l'accuſation intentée à M. le Général Komarzewſki ; rien de plus certain que ſon innocence ; c'eſt ce qu'il faut établir.

Il réſulte de la liaiſon intime des faits & des inculpations miſes à la charge de MM. Komarzewſki & Ryx, que l'innocence de ce dernier miſe hors de doute, celle de M. Komarzewſki eſt prouvée. Tout ce que le défenſeur de M. Ryx a dit en ſaveur de ſa partie, ſert d'avance la nôtre ; car s'il n'y a point eu de crime, il n'y a point eu de complice. Qu'il nous ſoit donc permis Meſſieurs de vous rappeller avec quelle force de raiſonnement, qu'elle abondance & quelle évidence victorieuſe dans ſes preuves, l'innocence de M. Ryx vous a été préſentée dans la dernière audience ; comment ſon défenſeur a oppoſé à la fable qui l'inculpoit, les faits conſtatés qui le juſtifient ; comment, par une appréciation ſcrupuleuſe des indices & des préſomptions de la partie adverſe, il a ſu vous en faire toucher au doigt & à l'oeil la ſéduction & le néant. Daignez vous retracer, quel réſultat a donné l'analyſe de la preuve teſtimoniale de l'accuſateur, ſoit dans ſes rapports avec les faits qu'elle articuloit, ſoit relativement aux perſonnes même qui témoignoient. Sous le prémier de ces rapports, après avoir, par un excès de confiance dans ſa cauſe, admis celui des trois témoignages qu'il avoit plu à la partie adverfe d'adopter (car vous n'aurez point oublié qu'ils n'étoient pas uniformes) témoignage qui chargeoit le plus l'accufé ; il a démontré avec une clarté égale à celle du jour, que les faits qui en réfultoient, ne prouvoient point ce qu'on veut leur faire prouver ; l'exiftence réelle du complot.

Sous le fecond rapport, & relativement à la perfonne même des témoins, il a fait voir qu'ils étoient juftement reprochés par la loi & qu'il ne vous étoit pas permi de les entendre.

Cette partie du plaidoyer a pu paroître inutile & furabondante, puis qu'il eft peu important d'ôter le droit de parler à des témoins qui n'ont rien de probant à dire ; mais Meffieurs le défenfeur de M. Ryx a du obeir à la loi qui veut que l'innocence triomphe, non par une marche & dans un apareil arbitraire, mais fous l'autorité des formes, par les gradations qu'elle lui a prefcrites & avec les armes qu'elle lui a données. Il eft refulté de toutes ces difcuffions profondes & exactes, une maffe de lumière, telle qu'il n'eft plus permi, fi non à la paffion aveugle & ftupide, de douter encore de l'innocence de M. Ryx.

M. Ryx innocent, M. Komarzewfki ne peut-être préfumé coupable ; & l'accufation qui leur fut commune s'anéantit fous le même coup.

S'il ne s'agiſſoit aujourdhui que d'arracher M. Komarzewſki au ſupplice ou à la honte, il ne nous reſteroit plus rien à vous dire Meſſieurs : mais vous devez aſſigner des réparations à l'innocent outragé & décerner des peines à l'accuſateur téméraire. Or comme ces réparations & ces peines doivent ſe meſurer par les dégres de légéreté ou de malignité, que votre juſtice obſervera dans l'inculpation, nous devons Meſſieurs vous les faire appercevoir; afin que dans les réparations que vous deſtinez aux deux accuſés vous conſerviez les nuances & gardiez les proportions que l'équité attend de vous.

Nous allons donc rechercher quelles ont été les circonſtances particulières de l'accuſation intentée à M. le Général Komarzewſki, ſoit dans ſes fondemens, ſoit dans ſes conſéquences. Il va s'offrir dans les diſcuſions, où nous ſerons entrainés, des obſervations qui ſerviront également & ma partie & la cauſe commune. Le défenſeur de M. Ryx a du en laiſſer pluſieurs derrière lui, parceque dans la multitude des objections qui tombent ſur une accuſation dont la témérité eſt évidente, il eſt impoſſible de ne rien négliger, ſi on ne veut accabler la verité ſous ſon propre poid.

Les fondemens de l'accuſation contre M. Komarzewſki, ſont :

1mo. Les dépoſitions verbales & par écrit de la Ogrumoff.

2do. Les charges réfultantes du dialogue , entre celle-ci & M. Ryx.

Nous ne tomberons point dans de fati- gantes redites, en vous faifant obferver de nou- veau, MM. les caractères fufpects des dépofitions de la délatrice, tirés des contradictions qui fe trouvent entr'elles , & qui fuivant les maxi- mes des maîtres de la jurifprudence ; leur ôte toute efpèce d'autorité ; nous nous attache- rons feulement à une obfervation qui ne vous a pas encore été préfentée.

Il eft prouvé par les faits , confignés aux interrogatoires , que le mari de la Ogrumoff étoit préfent à l'entrevue , où cette femme a placé la fable du prétendu pacte de mort en- tr'elle & le Général Komarzewfki   Voici ces faits: Mde Ogrumoff dans fon interrogatoire du 21. Janvier pag. 2. & 3. dépofe comme fuit. " Depuis le retour de ma femme de Grodno „ MM. Komarzewfki & Ryx ont été deux fois „ chez elle. Lorsqu'ils y font venus pour la „ dernière fois, je m'y fuis rencontré avec eux „ & elle leur dit que j'étois fon mari. Après que „ ma femme fe fut entretenue quelques mo- „ mens avec ces Meffieurs, *elle fit voir à M.* „ *le Général Komarzewfki une lettre dont il prit* „ *copie fur un autre papier ; enfuite ils ont parlé* „ *entr'eux ; mais je ne me fuis point aperçu &* „ *je n'ai point vu, que M. Komarzewfki ait mon-* „ *tré aucun écrit, ou qu'il ait donné à ma fem-* „ *me aucun petit paquet, ou quelque chofe dans un*

,, *paquet*. Pendant l'entretien je fuis allé or-
,, donner au valet de chambre d'apporter une
,, écritoire. Lorfque cet entretien fut fini,
,, M. Komarzewfki me dit: qu'il n'y avoit nul-
,, le part des loix auffi févères qu'en Pologne;
,, Mais, ajouta-t-il, votre femme ne les con-
,, noit pas, & dans des affaires de la nature
,, de celle-ci, il faut agir avec délicateffe;
,, car chez nous, dès qu'on ne peut pas prou-
,, ver, tout ce qu'on dit n'a aucune valeur. Il
,, fit enfuite mention du Roi Sigifmond,
,, qui étoit un Monarque févère & qui aimoit
,, la juftice; après quoi ces deux Meffieurs
,, fe retirèrent. Quand ils furent fortis, je
,, je demandai à ma femme de quoi il étoit
,, queftion entr'elle & ces Meffieurs, elle me
,, répondit: vous n'entendes pas le françois
,, & il me feroit ennuleux de vous mettre au
,, fait de tout cela. *Au refte je ne me fuis pas*
,, *apperçû qu'ils ayent rien donné à ma femme.* ,,

Au récollement du 29. Janvier, le même Ogrumoff interrogé: " où étoient MM.
,, Komarzewfki & Ryx lorsqu'ils s'entrete-
,, noient avec fa femme dans la dernière entre-
,, vue à laquelle il étoit préfent; s'ils étoient
,, debout ou affis? Si on écrivit & qui écrivit?
queft: 14.

a répondu:

" Dans la chambre à coucher, moi pré-
,, fent, ils s'affirent près de la cheminée, &
,, marchèrent dans la chambre. M. Koma-

,, rzewſki a écrit ſur la table, avec le papier,
,, la plume & l'encre que le valet de chambre
,, apporta, lorsque je ſortis pour le lui ordon-
,, ner; au reſte je ne ſais pas ce qu'il écri-
,, vit, & pendant qu'il écrivoit je m'entretins
,, avec M. Ryx. ,, *page. 6.*

De tous les faits que préſente cet extrait, nous n'obſerverons d'abord qu'un ſeul,
c'eſt que le Major Ogrumoff fut préſent au
même entretien où ſa femme montra une letre
au Général Komarzewſki que celui-ci copia
avec la plume, l'encre & le papier que le
Major étoit allé chercher. Or Meſſieurs quel
fut cet entretien ou ces faits ont eu lieu?
C'eſt à la Dame Ogrumof à nous l'apprendre.
Voici comment elle s'exprime, dans ſon interrogatoire du 20. Janvier *page 10. & 11.*

,, Ces Meſſieurs s'étant rendus chez moi.
,, ... je leur montrai dans un certain éloigne-
,, ment la lettre en queſtion (celle que Tay-
,, lor lui avoit couſte) en diſant: *Reconnoiſ-*
,, *ſez vous l'écriture & la ſignature du Prince*
,, *Czartoriſki?* Je reconnois l'une & l'autre,
,, dit le Général Komarzewſki: mais je vous
,, prie de la remettre entre mes mains, & je
,, vous engage ma parole de vous la rendre
,, incontinent. Eh bien repondis-je la voila:
,, j'ai plus de confiance en vous que vous en
,, moi. Sur quoi M. le Général Komarzewſki
,, en tira copie & me rendit la lettre. Je leur
,, dis enſuite: j'ai remplis mes engagemens,

,, c'eft à vous & tenir les vôtres. Alors M.
,, le Général répondit : Madame ! puifque vous
,, avez été en état de vous procurer cette let-
,, tre quelle quelle foit, j'ai à vous propofer
,, une affaire dont le fuccès vous affurera la
,, reconnoiffance d'une quantité de perfonnes
,, que vous verrez à vos pieds . . . . . Si vous
,, êtes capable de faire avaler au Prince A-
,, dam Czartoryfki ce qui eft contenu dans ce
,, petit papier, (lequel il tira alors de fa po-
,, che) votre fortune eft faite ,, &c. &c.

Vous voyez Meffieurs qu'il eft ici queftion d'une lettre que la Ogrumoff préfente à
M. Komarzewfki & que celui-ci copie ; Cette
circonftance commune à cette entrevue & à
celle où fon mari avoit affifté, en conftate
l'identité ; c'eft dans ce même entretien qu'a
du être fait le pacte de mort ; le mari auroit
donc du en être le témoin. Il eft vrai,
qu'ignorant la langue, on a pu traiter à fon
infu ; mais vous obferverez, qu'outre les difcours, il y a eu deux faits principaux dont
Mr. Ogrumoff préfent pouvoit rendre témoignage. Le premier de ces faits eft configné
dans l'interrogatoire cité, c'eft l'action du Général Komarzewfki, de tirer un paquet de poudre de fa poche & de le remettre à la Dame
Ogrumoff, qui dit l'avoir reçu. Le fecond eft
affirmé dans la depofition par écrit du 14.
où il eft dit que le Général, ftipulant le prix
du crime, tira de fa poche une lettre de chan-

ge de mille ducats fur Tepper, qu'il montra à la Ogrumoff & qu'elle déclare avoir vue...

Ces deux faits Meſſieurs étant le réſultat de pluſieurs mouvemens phyſiques de la certitude desquels les yeux font les juges, le major Ogrumoff préſent à l'entretien dans un cabinet de 6. aunes quarrées, où quatre interlocuteurs font voiſins l'un de l'autre, auroit du néceſſairement en avoir connoiſſance & il eſt phyſiquement impoſſible qu'ils ayent eu lieu à fon inſu.

Cependant rappellez vous fon interrogatoire, il dit en termes exprès : " *Je n'ai point* " *vu, je ne me fuis point apperçu que M. Koma-* " *rzewſki ait montré à ma femme aucun papier, ni* " *qu'il lui ait remis aucun paquet* ,, & il repéte juſqu'à deux fois cette même aſſertion.

On a objecté que M. Ogrumoff étoit forti de la chambre & que par conféquent ces faits pouvoient s'être paſſés en fon abfence. A cela Meſſieurs, nous répondons, en vous priant d'obferver la marche de l'entretien telle quelle eſt rapportée dans l'interrogatoire de la Ogrumoff. Vous y voyez d'abord la lettre du Prince Czartoryſki, montrée, lue & copiée— enfuite cette affaire finie on a paſſé à une autre, à l'aide de la tranfition., — *Puifque vous* *avez été en état de vous procurer cette lettre,* &c. vient enfuite la propofition d'empoiſonnement.— A laquelle de ces deux parties de l'entretien, appartient la fortie du mari ? La

queſtion ſe réſout par le motif connu de ſa
ſortie; il eſt allé chercher une écritoire;
quand a-t-on eu beſoin d'écritoire? Lorſque
le Général Komarzewſki a voulu copier une
lettre. Quand a-t-il voulu copier une lettre?
Dans la première partie de l'entretien. Mais
le mari eſt-il rentré à tems, pour être préſent à la ſeconde? Oui, car il dit avoir vu
copier la lettre, & s'être entretenu pendant
ce tems-là, avec M. Ryx. L'objection porte
donc à faux.

Ce déſaveu du mari des deux faits eſſen-
tiels, qui ont dû accompagner le traité entre
M. Komarzewſki & la Ogrumoff, en prouve
évidemment la fauſſeté, & ce traité non plus
que ces faits, n'ont jamais exiſté, que dans l'i-
magination de l'infâme créature qui les a con-
trouvés, & dans celle des dupes qu'elle a faites.

Nous avons cru devoir tirer de l'oubli
où le défenſeur de M. Ryx l'avoit laiſſé, ce
nouveau moyen en faveur des accuſés; il eſt
victorieux & a pu occuper ici une place, d'autant plus utile, que le témoignage de la O-
grumoff étant unique contre M. Komarzewſki,
il eſt du devoir de ſon défenſeur de ne rien
omettre de ce qui peut le faire apprécier.
Ce témoignage porte donc en ſoi & dans ſes
circonſtances, des caractères de la fauſſeté la
moins équivoque; mais ne fût-il pas d'ailleurs ſuſpect, la loi pouvoit-elle l'admettre?
Cette queſtion a été diſcutée avec une telle

étendue dans le plaidoyer pour M. Ryx, que nous sommes difpenfez de la traiter ici fous les mêmes rapports & par les mêmes moyens.

Il a été prouvé qu'étant infame, corrompue, ennemie & délatrice, ces quatre qualités, dont une feule feroit un moyen fuffifant de récufation, en forment par leur réunion un d'un genre majeur. Qui pourroit penfer, que la partie adverfe n'a point ceffé d'inculper le Décret, qui repouffe cette femme du témoignage, & cela fondée fur une application vicieufe de la règle, *que dans les crimes fecrets les témoins inhabiles peuvent être entendus?* La conftance du parti accufateur à s'appuyer fur cette objection, nous oblige de donner quelques dévelopemens aux moyens qui la combattent. Ici fe préfentent deux quéftions à examiner : *1mo.* Que faut-il entendre par crime fecret ? *2do.* & comment les inhabiles concourent-ils à la conviction du coupable ?

Quant à la première, il eft clair qu'il faut beaucoup reftreindre le fens du mot *fecrets*, fi on ne veut détruire le fyftême entier de la Jurifprudence criminelle. Tous les crimes font fecrets autant qu'il eft au pouvoir des coupables de les rendre tels ; car quel eft le fcélérat qui ne preffente les fuites de fon forfait & qui ne cherche à s'y fouftraire en en dérobant la trace. S'il fuffit, pour rendre toute forte de témoins habiles, que le crime foit fecret dans un fens vague & indé-

terminé, il résultera delà que presque tous
les cas seront de ce genre, & que ce que la
loi avoit statué comme regle, ne sera plus
qu'une exception. Qu'a-t-elle donc entendu
par crime secret? Elle en a avoué deux espè-
ces, les crimes de nuit & les crimes domestiques. Ces crimes sont secrets, non par un
effet de l'industrie de leur auteurs, mais par
une suite des circonstances physiques qui les
accompagnent. La *science* du témoin est fondée
sur les rapports de ses sens ; dans l'obscurité de
la nuit l'homme est privé de l'usage du sens le
plus actif, de celui qui doit rectifier tous les
autres. Il faudroit supposer des hazards que
la loi ne prévoit pas, pour donner des témoins
oculaires à un crime de nuit ; c'est pourquoi
elle a dans ces cas, permis aux témoins même
inhabiles de déposer ; mais toutefois avec la
restriction qui sera bientôt énoncée.

Dans les délits domestiques, l'adultère,
les sévices, &c. la loi les a aussi admis ; parceque le pouvoir qu'exercent les maîtres de
la maison sur les lieux & sur les personnes,
rendroit les crimes domestiques trop difficiles
à prouver & en assureroit l'impunité ; si la loi
ne se relâchoit en leur faveur, en les excep-
tant de la sévérité de la probation légale.
C'est en conséquence, qu'attentive à se saisir
de toutes les lumières possibles, elle a reçu
pour cette espèce le témoignage des domestiques & des autres *inhabiles*.

Tels font les crimes qui, avec celui de Majefté, forment proprement la claffe des crimes privilégiés; mais Meffieurs, qui ne voit que celui dont il eft ici queftion lui eft étranger? Le prétendu complot n'eft, ni un délit de nuit, ni un délit domeftique, ni un crime de Majefté, il n'eft donc ni fecret au fens de la loi, ni privilégié; & c'eft abufivement que la partie adverfe réclame en fa faveur la régle qui ne le concerne point.

Une feconde queftion, que nous nous fomme propofés d'examiner eft celle-ci; *Comment les inhabiles concourrent-ils dans les cas où ils font admis à la conviction du crime?*

On tomberoit dans une erreur groffière, fi on penfoit que les témoins inhabiles feuls, opérent une conviction fuffifante, & telle qu'elle réfulteroit de la dépofition des témoins habiles s'il s'en préfentoit. Deux témoins irreprochables dépofant uniformément du fait même, forment la preuve légale, & la loi n'exige rien de plus; mais deux témoins inhabiles, dépofant auffi uniformément du fait même, ne fuffifent point à la conviction de l'accufé; la loi porte alors toute fon attention fur les préfomptions & les indices, & même elle ne donne à la dépofition de ces témoins que la valeur d'une préfomption, laquelle à la vérité concourut avec les autres & devient autorité dans la maffe générale.

C'eſt ainſi Meſſieurs, & ſous cette réſerve que les *inhabiles* ſont dans certains cas reçus à témoigner. (*a*) Suppoſons donc, que celui dont il s'agit ici, eſt du genre des crimes ſecrets & privilégiés, & que vous devez entendre le témoignage de la Ogrumoff, vous remarquerez: *1mo.* Qu'il eſt unique, & par là nul; (car celui de M. Stanislas Potocki & de Taylor, ſe fondant ſur le propos d'un tiers, n'a que la ſimple autorité d'un oui dire) *2do.* Qu'il n'auroit ici que la valeur d'une préſomption à laquelle il faudroit en joindre pluſieurs autres, pour pouvoir opérer une conviction ſuffiſante; mais Meſſieurs où ſont ces préſomptions? Nous examinerons bientôt celles qui naiſſent du dialogue entre M. Ryx & la Dame Ogrumoff, & vous verrez qu'elles ſe réduiſent à rien; toutes les autres préſomptions, tous les indices, toutes les conjectures qu'on pourra raſſembler dans cette affaire, loin de concourir par leur poid à faire maſſe avec la dépoſition de la Ogrumoff, prouvent directement dans un ſens contraire. Sous ce point de vue encore la partie adverſe reclâme en vain en faveur du témoignage de la Ogru-

---

(*a*) Voyez ſur ces matieres: Hipolit: de Mars: §. Sciendum N. 13. Farin: tom: 1. queſt: 50. N. 38. Jul: Clar: lib: 5. queſt: 20. L. conventus C. de Repud: Carrerius pract: crim: p. 73. Hippol: de Mars: §. Diligenter N. 81., &c. &c.

moff les priviléges des crimes fecrets, puifqu'en les lui accordant, il feroit non une preuve, mais un indice, qui étant unique, ne peut
être l'objet de l'attention de la loi. Il réfulte
donc de tout ce qui precéde, que ce témoignage eft nul de toute nullité, fous tels rapports qu'il vous plaira, Meffieurs, de l'envifager.

Le fecond fondement de l'accufation contre M. le Général Komarzewfki, porte fur le
dialogue entre M. Ryx & la Ogrumoff.

Ici Meffieurs, la queftion s'offre fous
deux rapports. ⁃ Qu'eft ce que M. Stanislas
Potocki & Taylor ont entendus? Ce qu'ils
ont entendu prouve-t-il la complicité de M.
Komarzewfki?

Qu'eft ce qu'ils ont entendu? ⁃ Voici
la partie même du dialogue qui concerne M.
Komarzewfki; elle eft tirée de la dépofition
de M. Stanislas Potocki; car nous fuivons
l'exemple du défenfeur de M. Ryx, & nous
admettons celle des trois dépofitions, qu'il a
plu à l'accufateur de s'approprier.

(*M. Ryx.*) C'eft fort bien fait ma chère;
je ne manquerai pas de faire inceffament part
de tout ceci au Général Komarzewfki.

(*La Ogrumoff.*) Cela ne me fuffit pas,
pas même votre parole. Pourquoi le Général Komarzewfki n'eft il pas venu ici? Il me
faut abfolument une nouvelle affurance *de lui
même*, fans quoi & fans fa préfence dans ma

maiſon, je ne puis me charger de rien, ni
rien exécuter; il faut d'abord que je voye
l'entière ſureté de ma perſonne & de la pro-
meſſe qu'on m'a faite.

. ´ (*M. Ryx.*) Ce que vous me demandez
là, eſt juſte; mais le Général Komarzewſki
ne s'eſt-il pas chargé de tout cela? c'eſt lui
qui a commencé l'affaire; il ſaura bien la finir... Komarzewſki peut tout... il a tout pouvoir ſur l'armée... il ſera certainement ici demain avec moi, & tout s'applanira en ſa préſence.

Telle eſt Meſſieurs la partie du dialogue, d'où l'accuſateur infère la complicité de
M. le Général Komarzewſki; la prouve-t-elle
en effet? c'eſt, ce qu'il faut examiner. Suppoſons d'abord dans nos auditeurs des prévention contre l'innocence de M. Ryx, égales à
celle dont la partie adverſe étoit occupée,
mais accompagnée de quelque ſageſſe, que
réſultera-t-il pour eux de ce dialogue?

Votre parole, dit la Ogrumoff, *ne me ſuffit
pas; pourquoi le Général Komarzewſki n'eſt-il pas
ici; il me faut abſolument une nouvelle aſſurance &
garantie de lui même, ſans leſquelles & ſans ſa
préſence dans ma maiſon, je ne puis me charger
de rien, ni rien exécuter.*

La conſéquence naturelle, qui nait de
ce diſcours, c'eſt que M. Komarzewſki, n'a-
voit point à cette époque traité directement
avec la Ogrumoff ſur l'affaire dont il étoit
queſ.

queſtion. Elle ne ſe fie point à la parole de M. Ryx. — C'eſt donc lui qui juſqu'ici a ſeul négocié ; elle veut voir M. Komarzewſki, recevoir une nouvelle aſſurance & garantie, mais cette fois elle veut les tenir *de lui même ;* celles qu'elle avoit jadis reçues, lui avoient donc été données par un tiers. Ces inductions ſont conformes à la plus ſaine critique. Mais, répliquera-t-on, M. Ryx ne dit-il pas en termes formels ? " Je rapporterai le tout à M. Koma-
„ rzewſki. — Ne s'eſt il pas chargé de tout ce-
„ la ? c'eſt lui, qui a commencé l'affaire , il
„ ſaura la finir, il a tout pouvoir ſur l'armée,,
&c. &c.

Qu'eſt-ce que cela prouve ? que M. Komarzewſki eſt inſtruit du complot, qu'il l'approuve, qu'il en eſt le complice. Non Meſſieurs : ces propos forment ſi on veut contre M. Komarzewſki, une charge, une inculpation; mais qui devant être prouvées, ne ſont point elles-mêmes des preuves. Comment cette inculpation auroit elle pu fournir par elle-même, la matière ſuffiſante d'une accuſation légale ? N'étoit-il pas probable que M. Ryx, dans la vue d'encourager cette femme, ſe ſervoit du nom & de l'autorité de M. Komarzewſki, ſans lui & à ſon inſçu ? Avant que d'accuſer ce dernier, il falloit donc ſe donner le tems d'examiner M. Ryx ſur ce doute ; de voir s'il ſoutiendroit l'inculpation ; s'il ne la déſavoueroit-point ; ou s'il ne donneroit-point

à ſes propos un ſens favorable, qui décharge-
roit M. Komarzewſki. Au lieu de cela, la
partie adverſe a fait de ces propos douteux
& équivoques, la baſe de ſon accuſation; elle
a préſenté des témoins pour les ſoutenir &
les mettre en crédit, ſans faire attention que
leur dépoſition ſe réduiſoit à dire, que M.
Ryx avoit dit *telle ou telle choſe*. Mais un oui
dire en paſſant par les oreilles de vingt témoins n'eſt toujours qu'un oui dire & n'ac-
quiert pas de l'autorité en ſe multipliant; (*b*)
il faut toujours remonter à la ſource; c'eſt
là qu'il faut l'examiner & en apprécier la valeur, & c'eſt ce que la partie adverſe n'a pas
jugé à propos de faire.

Tels ont été Meſſieurs les fondemens de
l'accuſation intentée contre M. le Général
Komarzewſki; la délation contradictoire d'une
femme perdue, démentie par le témoignage
de ſon mari, & les charges équivoques réſul-
tantes du propos d'un tiers. Oui, ce ſont là
les fondemens, les ſeuls fondemens de cette
accuſation cruelle, par laquelle M. Komarzewſki a été qualifié devant vous, Meſſieurs, devant la Nation & l'Europe entière, d'aſſaſſin
& d'empoiſonneur. — Accuſation prononcée a-
vec une hauteur & une confiance, qui promettoit une baſe plus ſolide.

Quelles en ont été pour le Général Komarzewſki les conſéquences? C'eſt ce que

____

(*b*) *Ex auditu nulla fides.*

nous devons vous faire connoître, Messieurs, afin que proportionant la réparation à l'offense, vous ne soyez point soupçonné d'avoir fait pencher la balance dans vos mains.

Les conséquences qui résultent de la calomnie sont graves, en raison de la nature des faits dont elle charge, & de l'état de la personne inculpée. Sans ces deux rapports, l'offense faite par le Prince Adam Czartoryski au Général Komarzewski est affreuse, & c'est en tremblant que nous allons l'analiser.

Vous l'avez peint devant cet auguste Tribunal, ce crime affreux que vous mettez à notre charge, orateur, qui avez parlé pour la partie adverse. — Tous vos traits ont porté; l'horreur a saisi votre auditoire & dans le transport de son indignation chacun a répété après vous: " Oui l'empoisonneur est le plus „ lâche & le plus odieux de tous les scélérats; „ il n'est point de supplice qui ne soit trop „ doux pour lui. „ Mais plus ce tableau a dû émouvoir l'exécration publique, plus il a rassemblé d'opprobre & de danger sur la tête de l'innocence, & plus aussi il inculpe la témérité maligne qui l'a tracé. L'audace imprudente & légère songeoit-elle aux maux qu'elle a fait lorsqu'elle prononça la terrible formule, qui devoit être le signal de notre perte, & qu'elle nous peignit de ces traits atroces qui devoient exciter l'industrie de nos bourreaux? S'il nous est aussi permis de peindre, nous pouvons oppoſer à ce tableau, production fantaſque de l'art, puiſqu'il nous eſt étranger, un autre tableau plus digne d'attention, parcequ'il n'eſt que trop réel & trop vrai, celui des malheurs que la calomnie a produit.

Depuis l'inſtant fatal où elle dit à l'accuſé " Vous étes un aſſaſſin & un empoiſon-,, neur ,, les ſoucis rongeans, la douleur & le déſeſpoir ſont entrés dans ſon ame & ne l'ont plus quitté. Envain ſon innocence veut le raſſurer, les exemples des cas où la vertu a ſuccombé ſous le poid du crédit, ſe préſentent & l'effrayent; à la honte de l'humanité ces exemples ſont nombreux; à peine eſt-il décidé s'il font aujourd'hui la régle ou les exceptions. Lorſque les devoirs de la ſociété qu'il fuit, l'y rappelle, un trouble inquiet l'y accompagne; il craint de rencontrer les yeux de ceux qui l'approchent & d'y trouver les ſignes du doute & du mépris. La ſolitude, qu'il cherche, ne lui offre que le triſte avantage de pouvoir ſe livrer à ſes ennuis, ſans gêne & ſans témoins, de laiſſer couler en liberté ſes pleurs & d'atteſter quelquefois le Ciel de l'injuſtice de ſa deſtinée. L'amitié d'ailleurs ſi douce & ſi conſolante lui eſt importune; il craint de devoir ſes ſoins à la pitié & non à l'eſtime.

Enfin ce qui met le comble à ſon infortune, c'eſt le ſentiment qui l'avertit que ſon déſeſpoir eſt la matière d'un ſpectacle cher à

l'envie; qu'elle triomphe, tandis qu'il fe noye
dans les larmes; qu'elle écarte la vérité qui
le juſtifie, qu'elle va fans ceſſe parcourant le
champ de la calomnie pour y glaner les poi-
fons, qui ont pu lui échaper, & les répandre
avec adreſſe. Au fein de ces anxiétés & de
ces émotions permanantes, la ſanté s'altére,
le cœur ſe flétrit, le courage & l'eſpérance
s'éteignent, la mort feroit une reſſource s'il
ne falloit vivre pour ſe juſtifier.

C'eſt de toutes ces peines, trop foible-
ment décrites, que vous devez Meſſieurs, les
réparations & le dédommagement à l'accuſé;
vous devez meſurer vos rigueurs contre la calomnie, fur les maux qu'elle a fait. Que la
loi vous ſerve ici de guide, nous ne vous demandons pas d'être plus ſévéres qu'elle; mais
fouvenez vous, que lorſque le ciel en donnoit
à la terre, la peine du Talion étoit décer-
née contre l'accuſation maligne; que cette
peine fut toujours infligée chez ces Nations
antiques & libres, où le falut du peuple &
la fûreté du Citoyen étoient la ſuprême loi.

L'inculpation conſidérée fous ces rapports avec le fait qu'elle a mis à la charge
de l'accuſé, demande donc une réparation grave
& ſévére; mais, fi nous l'enviſageons ici dans
fes rapports avec l'état de la perſonne qu'elle
attaque, c'eſt alors Meſſieurs, que vous vous
appercevrez, combien cette réparation doit être
éclatante, fi vous voulez la proportionner à
l'offenſe.

M. le Général Komarzewſki a été placé
par ſa deſtinée, dans une carrière, où par un
travail aſſidu, des talens & de l'activité. il
eſt parvenu à un poſte de confiance qu'il rem-
plit avec diſtinction. Cette carrière eſt celle
de l'honneur. Vous en connoiſſez, Meſſieurs,
les régles févéres, les maximes & les fcrupules. Dans cette carrière délicate, il fuffit
à peine de n'être point coupable, il faut encore n'êt-e point foupçonné.

Quelqu'abfurde & quelqu'improbable
qu'ait été le foupçon qui l'inculpoit, M. le
Général Komarzewſki en a porté la tache.
Permettez nous de vous le dire, Meſſieurs, l'é-
quité, l'honneur, la réligion du ferment, vous
font un devoir de vos foins pour l'eflacer. La
Patrie, oui la Patrie elle-même, vous ordonne
d'y employer tout ce que votre prudence a de
moyens, & votre fageſſe de reſſources. Elle
eſt doublement intéreſſée à la confervation &
à la défenfe de M. Komarzewſki, & comme
citoyen, & comme citoyen utile, dont elle
agrée les fervices & des talens de qui elle
veut jouir. Elle voit dans cet Officier eſti-
mable le lien heureux de la confiance entre
l'Armée & le Chef de la Nation ; l'appui du
mérite & des droits, des longs fervices ; l'obf-
tacle à ces promotions rapides, que la faveur
follicite ; elle voit en lui les connoiſſances
de fa place & une théorie qui trouveroit au
befoin des appréciateurs chez l'étranger ; elle

remarque avec reconnoiſſance la conſtance de
ſes ſoins pour parer aux abus; rendre au Mi-
litaire Polonois une conſidération affoiblie;
ranimer le courage avec la diſcipline, & nous
rapprocher des tems, où l'armée ne ſera plus
un fardeau inutile à l'état. Oui, Meſſieurs,
elle ſe plait à compter les vues utiles, qu'il
a fait naître, celles des bons citoyens qu'il a
ſecondé; les peines mêmes & les chagrins, qui
ont trop ſouvent payé ſon déſintéreſſement,
& ſon dévouement à l'ordre & au bien public.

Nous oſons vous le dire de la part de la
Patrie, protégez ce citoyen vertueux, qui la
ſert dans un poſte, où il eſt plus aiſé de l'en-
vier que de le remplacer. Faites en ſorte
qu'il y demeure & que le découragement qui
naîtra d'une réparation inſuffiſante, ne l'ai-
griſſe & ne le porte point à chercher des con-
ſolations dans la retraite & dans le repos.

.EXTRAIT

EXTRAIT

D U

DECRET

DÉFINITIF

Porté le 15. Mars 1785. par le Tribunal du Grand Maréchal de la Couronne, assemblé pour connoître de l'affaire entre le Prince Adam Czartoryski & autres, & le Sr. Ryx & Autres.

LE quinzième jour du Mois de Mars de l'an de Grace 1785. le Roi résident à Varsovie & le TRIBUNAL SUPREME du Grand Maréchal de la Couronne, MMgrs. Michel Vandalin Comte Mniszech, Grand Maréchal de la Couronne, & Ignace Potocki, Maréchal de la Cour de Lithuanie, y siégeans avec les Assesseurs jurés, savoir. MM. Antoine Małachowski, Palatin de Mazovie; Basile Walicki, Palatin de Rawa, Thomas Ostrowski, Castellan de Czersk; François Podoski, Castellan de Mazowie; Jean Kicki, Grand Ecuyer de la Couronne; Stanislas Sołtyk, Panetier de la Couronne; Casimir Rzewuski, No-

A

taire de Camp de la Couronne, & George Wiel-
horſki, Notaire de Camp de Lithuanie, aſſemblés
pour prononcer en inſtance criminelle.

Entre le Sr. François Ryx, Staroſte de Pia-
ſeczno & Mr. Jean Komarzewſki Général Major,
employé près de la Perſonne, du Roi, demandeurs
& deſſendeurs, comparaiſſans, en perſonne. & Mr.
Stanislas Potocki, ci-devant Fanetier de la Couronne
le Sr. Guillaume Taylor, & la femme Marie Thé-
reſe d'Ogrumoff, aſſiſtée de ſon mari, Major au
ſervice de Ruſſie, Parties ajournées à comparaî-
tre en perſonnes.

Le Général Komarzewſki & le Sr. Ryx admis à pourſuivre leur cauſe ſans égard au défaut de comparution du Prince Adam Czartoryſki, déjà chargé de deux Décrets en contumace
& à prêter ſerment ſur la non-corruption des
témoins, produis par eux, pour conſtater leurs
réfutations & leurs preuves, confrontation faite
desdits témoignages avec les dépoſitions & les
interrogatoires des Parties.

LE TRIBUNAL SUPREME.—Déclare
que la délation du 14 Janvier, faite par Marie
d'Ogrumoff eſt contradictoire à ſes dépoſitions, n'eſt
prouvé par aucune enquête & eſt fauſſe dans
tous ſes points; que la poudre prétendue donnée

à Marie d'Ogrumoff n'eft point un poifon & ne lui a point été donnée par le Général Komarze-wfki, ni par le Sr. Ryx; que le Dialogue du 16. Janvier entre le Sr. Ryx & Marie d'Ogrumoff ne prouve que le complot d'une queftion équivoque & à double fens, pour Mr. Stanislas Potocki & le Sr. Taylor d'une part, & le Sr. Ryx de l'autre, raf-femblés dans deux intentions contraires dont les uns devoient être la dupe & l'autre la victime.

A ces Caufes, faifant droit fur le tout: dé-charge honorablement & pleinement le Général Komarzewfki & le Sr. Ryx de l'accufation & du Procès. — Déclare les imputations mifes par Ma-rie d'Ogrumoff à la charge de diverfes perfonnes, tant à Grodno qu'à Varfovie, fauffes & calomnieufes: Fait en conféquence très févères inhibition & deffenfe à qui que ce foit d'en jamais faire men-tion fous les peines de droit. — Condamne le Prince Czartoryfki Général de Podolie, pour fe relever des deux Décrets en contumace portés contre lui, à une amende de foixante Marcs Polo-nais, envers le Général Komarzewfki & le Sr. Ryx, fous les peines de droit; & quant à l'accu-fation à eux intentée par le dit Prince, eu égard a l'inquiétude qu'infpire naturellement le foin de fa propre confervation, met les parties hors de Cour — Déclare Marie Thérefe Nery fem-me d'Ogrumoff, atteinte & convaincue d'avoir fous divers noms empruntés , commis plufieurs actes de faux, volé , fauffement, malignement & calomnieufement accufé des perfonnes des plus diftinguées de ce pays, de trames & de confpiration contre la vie du Roi, enfin d'avoir fauffement & calomnieufement accufé, par une dépofition écrite, le Général Komarzewfki & le Sr. Ryx, d'un complot d'empoifonnement du Prince Adam Czartoryfki : En réparation de quoi. — Condamne la dite Marie Thérefe Nery femme d'Ogrumoff à une Prifon perpétuelle, & avant ce, à être attachée fur la place de la Vieille Ville au Pilori, pour y être marquée par l'exécuteur de la haute juftice, d'un fer rouge portant l'empreinte d'une Potence. Ordonne de plus que fa délation du 14. Janvier fera brulée de la même main — Déclare que les liaifons du Sr. Taylor avec ladite Marie d'Ogrumoff, les fecours pécuniaires qu'il lui a fournis, la lettre anglaife qu'il lui a procuré dont-il s'eft reconnu fabricateur, n'étant point des preuves fuffifantes de complicité avec elle, ledit Sr. Taylor fera admis à s'en purger par ferment: mais atteint & convaincu de violence à main armée, & d'avoir audacieufement contrevenu dans le lieu de la réfidence du Roi, aux ordonnances de la Jurifdiction du Grand Maréchal, Condamne le dit Taylor à fix mois de Tour haute & à foixante marcs Polonais d'amende envers le Sr. Ryx fous ſes peines de droit : quant à la demande du Sr. Ryx contre Mr. Stanislas Potocki, met les parties hors de Cour. Condamne deux Libelles ayant pour titre *premier & ſecond éclairciſſemens* comme faux, calomnieux, atroces, à être lacérés & brûlés par l'exécuteur de la haute Juſtice, à la ſuite du ſupplice de Marie d'Ogrumoff, — Ordonne que les pièces ſervant au Procès ſoient dépoſées aux Archives de la Juriſdiction du Grand Maréchal.

Signé. STANISLAS KANECKI,
Porte Glaive du Diſtrict de Latyczew, Notaire de la Juriſdiction du Grand Maréchal de la Couronne.

✣✥✤✣✥✤✣✥✤✣✥✤✣✥✤✣✥✤✣✥✤✣✥✤

Copie de la Lettre du Prince Primat, au Prince Adam Czartoryſki, Général de Podolie, en date du 20. Mars 1785. à Varſovie.

INcertain de Vous trouver, d'être reçu, ou de venir à propos, je préfére de Vous écrire en qualité de proche Parent, de compatriote, de Miniſtre de Paix, à la veille du jour dans lequel, ſi Vous ſuivez obſtinément les mauvais conſeils de vous laiſſer condamner devant le Tribunal des Maréchaux, en rejettant les propoſitions que l'Ambaſſadeur Vous a fait faire par le canal de Mr. Du Caché, Vous Vous expoſez de gayeté de cœur à des ſuites très déſagréables pour Vous-même dans le Pays & au dehors' & Vous élévez entre nous un triſte mur de ſéparation, qui peut avoir des ſuites pour la Patrie. L'on Vous trompe, en Vous diſant, que Vous n'avez plus de Parens en Nous, plus de Patrie dans la Pologne. Si nous n'avons pas été à Vous, Mon cher Couſin, dès le premier inſtant de cette triſte aventure, c'eſt qu'il nous a été impoſſible d'ajouter la moindre créance, à ce que Komarzewſki, lequel de la vie n'a fait une mau-

vaife action, ait voulu commencer, par un acte
de la plus exécrable fcélératefle, vis-à-vis d'un
des plus proche Parens du Roi, duquel il n'a
jamais eu à fe plaindre : c'eft qu'il ne pouvait
nous convenir d'autorifer par des avances, les
foupçons que nos ennemis communs cherchaient
à répandre, comme fi nous pouvions être inté-
reffés à étoufer par des prévenances, les procé-
dures & la pourfuite d'une affaire, qui doit être
mife dans toute fon évidence.

Les écrits qui fe répandent dans le Public
à Votre infçu, de même que tant de démarches
qu'on fait également à Votre infçu ou en fûr-
prenant Votre bonne foi, prouvent la néceffité
des précautions de notre part dans les démarches les plus fimples, les plus naturelles, & auf-
quelles le cœur du Roi ne fe ferait pas ré-
fufé.

Aujourd'hui qu'on a de quoi prouver au Public Polonais & aux Etrangers, comme quoi la
méchanceté d'une coquine dont Vous n'étiez pas
obligé, n'y a même de connaître la noirceur, a
fervi à Vous abufer, qu'en conféquence le Décret des Maréchaux peut & veut vous épargner
le mal & les fuites du *Temere egiffe* & que d'un
autre côté le Tribunal ne peut fe difpenfer de
laiffer dicter demain matin à la partie accu-
fée le Décret en Contumace, citant l'année &

la page de la Loi dont Vous ne pouvez manquer
de fentir les fuites défagréables pour Vous &
pour Nous, qui n'avons jamais ceffé d'être Vos
Parens, je Vous demande en grace, de fuivre
les impulfions de Votre cœur, d'adhérer aux
Confeils, aux propofitions de l'Ambaffadeur, de
me faire favoir l'heure à laquelle je pourrais Vous
trouver chez Vous, ou, ce que j'aimerais encore mieux, chez la Princeffe Votre Sœur, pour
Vous embraffer, pour Vous donner un nouveau
motif, fi cela eft néceffaire, de Vous préfenter
demain devant le Jugement, & Vous convaincre
malgre nos ennemis communs, que je n'ai jamais
ceffé d'être Votre Parent, & de préférer le bien
& la paix de Notre Patrie, à toute autre confi-
dération. Voila les fentimens, dans lesquels j'ai
l'honneur d'être.

*Copie de la réponfe du Prince Adam
Czartoryfki, à la Lettre du Prince
Primat.*

Mon cher Coufin.

IL m'eut été bien doux de trouver dans les pré-
miers inftans de cette malheureufe affaire, des

Parens, dont l'amitié tendre & active eut prévenu les démarches, qui l'on conduite au point où elle est aujourd'hui. Je n'ai demandé ni sang ni vengeance; une pareille demande est le seul effort dont je me sens incapable dans tous les cas.

J'ai demandé justice d'une méchanceté & non pas des rigueurs, Vous n'ignorez pas, Mon cher Cousin, qu'elles ont été les démarches que j'ai suivies avant que de croire; Vous n'ignorez pas les motifs, qui m'ont engagé à recéder du Tribunal. L'amour de la paix Vous fait désirer, que je rentre en procédure; j'en appele à Vous même, si je le puis sans me rendre coupable d'une inconséquence très condamnable dans ma façon d'agir. & d'une conduite hazardée & sans réflexions. Tout ce qui pouroit troubler le repos de ma Patrie, porterait l'amertume dans mon cœur; il se tournerait en reproches si j'en dévénais la cause, mais j'en appelle à ma conscience (& c'est le Tribunal le plus redoutable pour tout homme qui tient à des principes) que je n'ai jamais été agité, ni par les mouvemens que le désir d'une célébrité mal entendue fait naître ni par la vanité de disputer à tout prix de crédit ou de prépondérence : mais je ne saurois être convaincu que l'attention que tout homme doit à sa conservation, soit un titre pour entraîner des extrémités; ce n'est qu'en négligeant & les Loix

& les formes, que l'on peut permettre à la Partie adverfe de celui qui récéde d'un Jugement
de dicter un Décret en contumace, c'eft au Tribunal à le rédiger; la Partie adverfe n'a que le
droit de dicter les *Condemnats*.

Quant au Roi, toute ma vie a été une preuve du refpect & des égards dont je ne me dépar-
tirai jamais; Ses fouvenirs devroient bien lui rap-
peler mes fentimens.

Je ne puis être perfuadé, que ce que j'ai
fait, en cherchant juftice de l'homme que j'incul−
pe d'avoir attenté contre moi, foit propre à élé-
ver un mur de féparation entre des Parens comme Vous & le refte de la Famille, & effacer la
trace de ce à quoi je puis, fans amour propre, croire
avoir le droit de prétendre.

Quand aux caquets, aux écrits anonimes,
croyez Mon cher Coufin que loin d'être gens à
en avoir l'ufage, nous les condamnons, quoique
s'il s'agiffait de porter attention fur des produ-
ctions de cette nature, ce qui fe trouve dans
plufieurs gazettes, nous mettrait également dans
les cas de la plainte.

Veuillez être perfuadé, que je ne fuis l'im-
pulfion d'aucun confeil. Croyez que j'aurais défiré trouver dans les moyens propofés, celui qui
aurait pu mettre les différens motifs qui m'ont
fait agir comme je l'ai fait dans le cours de la

procédure; loin de désirer le trouble & la diffention, perfonne ne désire la concorde publique & particulière plus que moi. Les facrifices de la vanité feroient faciles à faire, mais Vous fentez mieux que je ne puis Vous le dire, que dans le cas préfent, ceux des confidérations de ce que l'on doit à foi-même & à la dignité de fa conduite, ne font pas à exiger.

Je fuis avec tous les fentimens que je Vous dois & avec refpeƈt,

MON CHER COUSIN,

DE VOTRE ALTESSE,

Le très humble & très obéiffant Coufin & Serviteur.

Adam Czartoryfki.

Opinion du Docteur John, Médecin de S. A. Ma-
dame la Princesse Douairière Grande Chan-
celière de Lithuanie, sur le paquet de pou-
dre présenté au Jugement, comme Corps de
Délit.

SOn Alteffe le Prince Général de Podolie m'a-
yant chargé, il y a environ un Mois, de faire
l'examen d'un petit paquet de poudre blanche qui
étoit fupconnée d'être quelque poifon, j'ai tâché
d'en découvrir l'efpèce, en y faifant autant d'expériences, que la très petite quantité de la poudre m'a voulu permettre.   Car tout le paquet
ne péfait à peu près, à en juger par la vue, que
vingt grains.

   Voici les expériences, que j'ai jugé à propos de faire fur cette poudre.

   1° Après en avoir mis tant foit peu fur le
bout de ma langue, j'ai fenti un gout aftringent,
vitriolique, un peu mordant.

   2° Pour voir fi elle étoit légère ou pefante,
j'en ai jeté environ douze grains dans un petit
verre d'eau de fontaine. La poudre fut long-tems à la
furface de l'eau n'allant au fond qu'au bout de
plus d'une heure. Ce mélange a fervi à d'autres expériences rapportées ci-après *fub Nro. 4.*

   3° Dans la vue de trouver fi elle ne contenait point d'Arfenic, j'en ai mis un peu fur de

la braise, en exposant en même-tems une plaque
de cuivre rouge à la fumée qui s'en éleva. Celle-ci était sans odeur d'ail, & le cuivre ne pre-
nait point de couleur blanche : deux circonstances qui ne manquent jamais d'arriver à cette expérience, quand il est question d'Arsenic.

4° Ayant partagé le mélange *sub Nro. 2.*
en trois portions égales, j'ai versé dans la première de l'huile de tartre par defaillance. La
mixture n'a point pris de couleur d'orange ce qui
serait arrivé s'il y avait eu du mercure sublimé
corrosif. La seconde portion a été mêlée avec
de l'esprit volatil de sel ammoniac. La couleur
bleue qui aurait annoncé la présence du cuivre
n'y a point paru. Enfin la troisième portion a
été mêlée avec une liqueur, dont on se sert or-
dinairement pour essayer le vin frélaté de plomb
ou de litarge, & qui est préparée d'orpiment;
mais je ne me suis apperçu d'aucun changement
de couleur, qui aurait pu servir de preuve de
la présence de quelque préparation de plomb.

Comme toutes ces expériences énoncées
ci-dessus avoient été faites sans y découvrir aucun
des poisons minéraux les plus connus, étant dé-
pourvu d'une plus grande quantité de poudre pour
faire d'autres expériences, qui m'auroient pu é-
claircir sur sa véritable nature, & considérant
qu'il y a des poisons dont on ne saurait nullement

trouver la qualité par les analyfes de Chymie, j'ai engagé fon Alteffe le Prince Général, à me procurer encore une petite dofe de la poudre en queftion, pour en faire l'expérience fur quelque animal domeftique. Après en avoir obtenu environ dix à douze grains, je les ai fait avaler à un chien de moyenne taille après les avoir mêlé avec une tafe d'eau. Sept à huit heure s'écoulèrent avant que le chien donna aucune marque du dérangement de fa fanté. Mais au bout de ce tems, refufant de manger ce qu'on lui préfenta, il commença à faire des efforts inutiles de vômir, à touffer, & à être tourmenté de contorfions de tout fon corps.

Ces fymptômes ayant duré environ douze heures, le chien s'eft remis, fans que le breuvage mentioné ait produit fur lui aucun autre effet fenfible. Dans la fuite il a joui jufqu'à préfent d'une fanté en toute apparence bonne.

Quoique je fois fort éloigné de tirer de cette expérience faite fur le chien, la conclufion que la poudre en queftion foit réellement du poifon, je crois cependant qu'elle eft très propre à exciter l'attention de ceux qui pourront être chargés après moi de dire là-deffus leurs avis. Si en la répétant fur un autre fujet le même ou de femblables phénomènes reparaiffent, on fera fondé à décider que la poudre contient une fubftance nuifible à la fanté du corps animal.

Tout ce que je viens d'expofer dans ce rapport, a été expofé fidellement & d'après les ob-
fervations faites avec une exactitude fcrupuleufe,
Enfoi de quoi , je l'ai figné de ma propre main.
Fait à Varfovic ce 15. Février 1785.

John Dr. en Méd.

NB. *Tous les Médecins & Apothicaires chargés de l'examen de la poudre en question, se font
rangés à l'avis du Docteur John. Mr. Goltz feulement, Médecin du Prince Czartoryfki, a déclaré
d'une manière plus pofitive, qu'elle ne contenait
aucun poifon connu, Nullum venenum notum.*

Il eft bien apparent que ce prétendu poifon
n'étoit qu'une de ces poudres aphrodisiaques dont la
Dame Ogrumoff faifait commerce & qui fans doute
a du étonner la conftitution du chien à qui on
la fit avaler.

ERRATA.

Page 22. *Ligne* 6. rapprocher *lifez* l'approcher.
24.   26. 1588.   1576
49.   19. complice   coupable
50.   4. jufqu'au fens qu'il *lifez* qu'elle
61.   6. & 7. lui mettre la main fur *lifez*. lui fermer.
id.   9. après le mot *enragé* ajoutez pour une note au bas de la page (a) Expreffion de Tayllor lui même.
80.   26. partagerait *lifez* partageait
91.   26. fufpect & fa   fufpect fa
117.   17. Mad Ogrumoff   M. Ogrumoff.
123.   19. 2° & comment   2° comment